LES MALADIES CARDIO-VAS[illegible]ES

par Raymond Vextreit

EPAISSISSEMENT DU SANG
MALADIES CARDIAQUES
ATHEROSCLEROSE
HYPERTENSION
HEMORROIDES
MENOPAUSE
ARTERITE
VARICES
ULCERES ET AUTRES
MALADIES DES JAMBES

EDITIONS VIVRE EN HARMONIE

ÉDITIONS « VIVRE EN HARMONIE »

I.S.B.N. : 2-7155-0120-X

I.S.S.N. : 0767-919-X

MOT DE L'AUTEUR

Des cas de plus en plus fréquents de décès par « crise cardiaque » accentuent l'inquiétude déjà provoquée par la montée incessante du cancer. Le malaise va grandissant à mesure que s'abaisse l'âge des « victimes ». C'est surtout le décès de personnages connus, d'artistes notamment, qui frappe l'imagination, nombre de ces artistes n'ayant pas atteint la cinquantaine, parfois même pas la quarantaine. Passé quarante ans, de nos jours, chaque homme peut se demander s'il sera encore vivant le lendemain

En général, qu'invoque-t-on à l'origine des troubles cardiaques ? Le surmenage, les responsabilités, la vie « trépidante ». Le surmenage ? Les responsabilités ? Les femmes en sont donc exemptes, puisque jusqu'ici assez peu d'entre elles sont touchées de cette façon. Il y a cependant, maintenant, de très nombreuses femmes d'affaires (directrices de théâtres, d'entreprises, etc.). Et les mères de famille ? Il devrait en mourir pas mal du cœur, si cela était le fait du surmenage et des responsabilités, car il n'y a tout de même pas de commune mesure entre la responsabilité d'une « affaire » et celle d'assurer la santé, l'éducation et l'avenir des enfants.

La vie trépidante ? Trépidante en quoi ? La plupart de ces hommes au cœur malade sont des « hommes d'affaires » qui, parfois, ne font pas cent mètres sur leurs jambes, chaque jour ! Du lit à l'ascenseur, de l'ascenseur à la voiture, de la voiture à l'ascenseur, et de l'ascenseur au fauteuil ; puis l'inverse. Leurs distractions ? Théâtre, cabaret, banquets, thés, cocktails, etc ! Ceux qui se disent « sportifs » assistent volontiers à un match de boxe ou de football, toujours bien assis, et la voiture à la sortie ! Qu'y a-t-il de trépidant, sinon la cadence d'ingurgitation de liquides et aliments variés, tous plus inopportuns les uns que les autres ?

La « maladie des directeurs », des « managers », c'est la maladie de ceux qui disposent de trop d'argent et ne savent le dépenser qu'en s'intoxiquant, en absorbant beaucoup plus d'aliments qu'il n'est nécessaire, en choisissant des aliments aussi peu propices que possible à l'entretien de fonctions normales, en usant — donc abusant — de l'alcool, des alcaloïdes et du tabac. On ne peut prétendre manger mal, boire, fumer, et conserver un cœur en bon état.

Le cœur est cependant un organe des plus robustes à l'origine. Muscle extrêmement puissant, il faut une succession d'aberrations diverses pour parvenir à son épuisement.

Cela commence toujours par un ralentissement des fonctions biliaires. C'est d'abord la vésicule qui, recevant des impuretés en provenance de l'intestin, émet une bile imparfaite et insuffisante. Suivent alors les troubles gastro-duodénaux, parfois silencieux, puis le dérèglement cardiaque.

Ayant examiné 1 187 malades atteints de cardiopathies, les professeurs Klein et Wahl ont retrouvé des troubles gastro-duodénaux chez 31 % d'entre eux. 115 étaient déjà atteints par un ulcère gastrique ou duodénal.

Le cœur ne cède qu'à l'obstruction totale ou partielle d'un des vaisseaux subissant eux-mêmes les répercussions de l'encrassement de toutes les voies sanguines. Le sang dépose les déchets qu'il charrie, là où les tissus se défendent mal. L'artère de l'athéromateux est dépourvue de sa couche protectrice de silice, c'est donc à l'endroit de ce défaut de la cuirasse que vont se déposer cholestérol et résidus graisseux. Il se crée *ainsi une « zone de tourbillon » avec naissance de lésions aggravant la situation.*

Q'un mécanicien de chemin de fer, âgé de moins de 40 ans, meure brusquement sur sa machine, qu'un enfant de douze ans, ayant trois médecins dans sa famille, soit mort subitement pendant un cours d'éducation physique, démontre éloquemment que la médecine dispose de bien peu de moyens diagnostiques et préventifs. Dans le « Jour. Amer. Méd. Assoc. », les docteurs Weiss Sr et Jr reconnaissent avoir été dans l'impossibilité de discerner, chez 431 hommes ayant fait un infractus du myocarde, ceux qui étaient aptes ou non à reprendre le travail ; aussi, au bout de cinq ans, le tiers d'entre eux avait dû cesser le travail, soit par nécessité de mise à la retraite, soit par décès. Même les examens de laboratoire ne donnent que des indications assez peu précises. Ainsi, des médecins ont pu se réjouir de l'effet hypocholestérolémiant de l'acide nicotinique, lequel acide contribue à la précipitation du cholestérol (les fumeurs, absorbant de la nicotine, sont précocement artérioscléreux). Il est donc évident que le cholestérol, précipité et agglutiné à la surface interne des vaisseaux, se trouve en moindre quantité dans le sang. Peut-on alors valablement se réjouir des résultats de l'analyse ? Seul, un esprit superficiel peut le faire.

On retrouve donc, à l'origine de la maladie cardiaque, à la fois des excédents et des carences. Ces carences pouvant elles-mêmes être le fait d'une pléthore, un excès de certaines substances gênant la bonne utilisation des autres. C'est alors l'entrée dans un cercle vicieux, les carences pouvant provoquer une concentration dangereuse des produits de désassimilation.

La solution que nous proposons est-elle bonne ? Assurément, puisque ceux qui vivent selon les conceptions harmonistes sont à l'abri de la crise cardiaque, bien que beaucoup ne manquent ni d'occupations, ni de soucis, et prennent des responsabilités devant lesquelles reculeraient nombre de ces « managers », candidats à la mort subite.

Sachant que l'alcool, les aliments carnés, les alcaloïdes (café, thé, etc.), le tabac contiennent des produits toxiques, il n'est que de les éliminer. De même pour les aliments dénaturés ne contenant plus les indispensables substances protectrices. C'est ainsi que la silice — si précieuse pour l'artère de l'athéromateux, le poumon du tuberculeux, le squelette du décalcifié — se trouvant le plus généralement dans l'enveloppe extérieure des végétaux (céréales surtout), on considérera comme dangereux pour la santé tout traitement ayant pour but de blanchir les céréales et les produits qui en découlent.

Seuls, les végétaux et sous-produits animaux (fromages, œufs et miel) peuvent apporter à l'organisme les éléments nécessaires à son fonctionnement, sa réfection et sa protection. Ce n'est pas une affirmation gratuite, mais le fait de l'expérience.

Moins un aliment est transformé, plus utile il est. Toute modification apportée dans sa structure diminue le cœfficient d'utilisation. Mal assimilé, l'aliment est précurseur, à la fois, de surcharges et de carences.

Il n'y a pas plus d'aliment-miracle que de remède médical. Il n'est que de choisir des aliments naturels, dont la transformation, si elle est inévitable, sera aussi succincte que possible : le pain sera fait sur levain, l'huile sera obtenue à partir d'olives pressées à froid, sans le secours d'aucun solvant, le miel sera garanti non chauffé, et si les fruits et légumes peuvent être obtenus sans produits chimiques (engrais, insecticides, etc.) ce sera parfait.

Il y a des remèdes naturels pour le cœur, et plus loin nous indiquons les plantes à action toni-cardiaque qui compléteront les effets de la réforme alimentaire et des autres éléments de la médecine naturelle. Le fond du traitement, c'est le drainage hépatique ; aussi devra-t-on s'orienter en ce sens (formules de tisanes également dans ce volume). Un organe doit surtout attirer notre attention : c'est le foie, avec sa vésicule biliaire. Assez de cures à l'efficacité certaine ont été suivies pour affermir notre conviction : Sauvons notre cœur ? Soignons notre foie !

PREMIÈRE PARTIE

SAUVEGARDONS NOTRE CŒUR

LES MALADIES CARDIAQUES

Tout le monde, ou à peu près, sait que la faiblesse, les lésions ou le mauvais fonctionnement du cœur peuvent se traduire par de l'essoufflement, des palpitations, l'irrégularité du pouls, parfois des douleurs de la moitié gauche du thorax, irradiant vers l'épaule et le bras gauche, l'enflure des jambes (chevilles, principalement), la transpiration nocturne, le cerne bleuâtre des yeux, les lèvres violacées avec le pourtour bleu. Le teint est trop pâle ou trop rouge.

Les principaux phénomènes générateurs de ces manifestations sont, avec les troubles de l'appareil circulatoire, l'inflammation de la séreuse, de la membrane ou du muscle cardiaque, les insuffisances mitrale, aortique, etc., avec parfois aggravation de lésions des parois et d'asystolie, le cœur « nerveux », l'angine de poitrine, l'athérosclérose, etc.

Dans l'insuffisance mitrale, les valves de l'orifice mitral (entre deux « chambres » du cœur gauche) ne le fermant plus complètement, le sang peut ainsi revenir en arrière et accroître la pression sur les parois internes, tout en mettant entrave à la circulation.

Le rétrécissement mitral aura les mêmes répercussions car il est évident que la pression s'accroît lorsqu'un passage est rétréci. Il s'ensuit de l'essoufflement, de la difficulté de courir ou même de marcher vite, de monter un escalier ou d'accomplir un effort prolongé.

S'il s'agit d'insuffisance aortique, les valvules sigmoïdes n'oblitèrent plus complètement l'orifice à chaque diastole ventriculaire, et le sang passé dans l'aorte peut refluer dans le ventricule, ce qui représente les conséquences aggravées de l'insuffisance mitrale. Celui qui en est atteint a le teint pâle et blafard et les yeux brillants, son pouls est « bondissant ».

L'inflammation de la séreuse cardiaque (péricarde), de la membrane qui tapisse les cavités du cœur (endocarde) ou du muscle du cœur (myocarde) a une grave répercussion sur le fonctionnement de cet organe.

Tous ces troubles peuvent se compliquer d'asystolie, affaiblissement des contractions cardiaques avec, comme conséquence, l'augmentation de la pression veineuse et la diminution de la pression artérielle. D'où ralentissement sérieux de la circulation se traduisant par des phénomènes congestifs et des troubles graves dans la plupart des viscères, pouls accéléré et irrégulier, œdème envahissant d'abord les membres inférieurs, puis remontant jusqu'à la paroi abdominale avec épanchement séreux dans le péritoine (ascite) ; le foie s'hypertrophie et les reins s'épuisent en laissant passer l'albumine ; le poumon se congestionne, d'où essoufflement exagéré à chaque mouvement. Le malade ne peut plus se coucher et doit rester assis dans, son lit.

Quand les troubles cardiaques se traduisent surtout par de violentes douleurs irradiant jusque dans le bras, la main et l'auriculaire gauche, avec sensation de crampe, et s'accompagnent d'angoisse et parfois de syncope, c'est souvent l'angine de poitrine.

L'ANGINE DE POITRINE

Le terme d'*angine* appliqué à cette affection a son origine dans la gêne respiratoire commune à toutes les angines. Dans l'*angor pectoris*, cette gêne respiratoire s'accompagne d'angoisse, parfois poignante. La crise survient après un effort, une marche prolongée, le gravissement d'un escalier ou d'une pente ; quelquefois même, sans cause *apparente*. Cette crise, qui peut revêtir une grande intensité, est caractérisée par de violentes douleurs dans la région du cœur (ou « en barre », ou même franchement du côté gauche de la poitrine) avec irradiation dans le bras gauche (souvent jusqu'à l'auriculaire). L'angoisse va jusqu'à la sensation de mort imminente. Le tout accompagné d'étouffement et d'éructations.

L'angine de poitrine aurait son siège dans le plexus nerveux cardiaque. Elle résulte d'une inflammation ou même d'une lésion du cœur, de l'aorte ou d'un autre organe proche. Par suite de l'intoxication de l'organisme, le sang devient impur ou s'épaissit, il charrie des déchets pouvant meurtrir cœur et vaisseaux. Le surmenage peut avoir éprouvé le cœur et l'aorte ; la faiblesse de ces organes est parfois héréditaire ; l'état de moindre défense d'une partie quelconque du corps permet l'accumulation des toxines, la stase sanguine, le déséquilibre de la flore microbienne et la localisation de l'intoxication.

La véritable angine de poitrine, celle qui résulte d'une lésion du cœur, de l'aorte ou d'un organe avoisinant, est heureusement assez rare. Plus fréquente est l'angine névrosique, découlant d'une hyperexcitabilité des nerfs cardiaques. La douleur est alors moins violente et l'angoisse moins aiguë. Par contre, surgissent des troubles dits *vaso-moteurs* reconnaissables par le refroidissement brusque des extrémités (pieds et mains), des vertiges, des palpitations, des envies fréquentes d'uriner, des tremblements. Le malade voudra marcher alors que dans l'angine véritable il en est dans l'impossibilité.

Dire que l'aérophagie est à l'origine de la fausse angine de poitrine peut refléter la réalité, mais pas toujours, car l'aérophagie est un des troubles accompagnant les phénomènes signalés plus haut, sans plus. Chercher la cause dans un déséquilibre nerveux ou neuro-endocrinien est encore passer à côté de la cause véritable, ce déséquilibre n'étant lui-même qu'un effet et non une cause. On peut invoquer aussi des perturbations dans le fonctionnement de certaines glandes endocrines, telles que la thyroïde et les génitales ; c'est se rapprocher de la cause, mais non la saisir. Il nous faut chercher pourquoi le fonctionnement du système nerveux est troublé et celui du système endocrinien perturbé.

Il n'est pas besoin de chercher trop longtemps ni trop loin pour faire le rapprochement entre les troubles de la digestion et l'apparition des symptômes de l'angine de poitrine. Comment la digestion, se demandera-t-on, peut-elle influer sur le cœur et son plexus ? Lorsque, pour une raison quelconque (constipation, insuffisance hépatique), le processus normal de la digestion est ralenti, alors interviennent certaines fermentations avec émanation de gaz. Les voies d'évacuation de ces gaz n'étant pas toujours libres, ceux-ci vont former une *poche* dans la partie supérieure gauche de l'abdomen. Cette poche, se dilatant selon le volume des gaz emmagasinés, va exercer une pression sur le plexus et donner ainsi naissance à des troubles nerveux se répercutant sur le fonctionnement des glandes endocrines intéressées et sur celui du réseau nerveux cardiaque.

Dans d'autres cas, le processus est différent : les gaz accumulés parviennent à soulever le diaphragme (muscle séparant l'abdomen du thorax) qui peut arriver à toucher la pointe du cœur et parfois même à déplacer cet organe. On comprend alors que cela s'accompagne de troubles pénibles et assez violents, pouvant même aboutir à la syncope. Celle-ci ne revêt pas alors de forme grave, car, dès la perte de connaissance, l'état de crispation, consécutif à la pression exercée sur le plexus, prend fin ; les gaz s'acheminent vers une voie d'évacuation et la crise se termine.

Que l'angine de poitrine soit vraie ou fausse, il importe de procéder au plus tôt au « désencombrement » de l'organisme en recourant à une alimentation rafraîchissante comportant surtout fruits frais et légumes verts, l'absorption d'argile, à la dose d'une cuillerée à café, chaque jour. Des tisanes pourront aider aux évacuations et stimuler le foie. Celle indiquée pour « Cœur et Circulation » (voir plus loin) sera utilisée en boisson de table.

Quelle que soit l'origine de la crise, il faut « dégager » tout de suite le cœur, en appliquant un cataplasme de son et feuilles de lierre, d'abord sur la partie gauche du thorax, sous le cœur, puis directement sur la poitrine ; chaque cataplasme étant laissé 1 h à 1 h 1/2 en place, (toutes indications figurant également plus loin).

Prévoir des bains de pieds chauds avec 2 ou 3 poignées de vigne rouge. Bouillir 1/4 d'heure. Bains de 10 à 15 minutes. Si le bain de pieds n'est pas bien supporté, faire alors des bains de mains avec la même préparation.

Dans la fausse angine de poitrine, il faut mettre des feuilles de chou en ceinture (du foie à la rate). Insister sur les plantes agissant vers le foie (romarin, thym, souci, artichaut, aspérule odorante, boldo, combretum, etc.). Faire des repas légers. Prendre, chaque jour, un bain de siège froid de 3 à 5 minutes.

Contrairement à ce que l'on croit trop souvent, les bains de siège froids ne sont pas contre-indiqués dans les affections du cœur, seulement faut-il les pratiquer avec prudence dans la progression.

Au début, ne mettre dans le récipient que cinq à six centimètres d'eau tiède (25° C environ). S'asseoir dans l'eau et y rester une à deux minutes.

Les jours suivants augmenter la quantité d'eau (même température) en haussant le niveau d'un centimètre par jour, jusqu'à ce qu'il atteigne le pli de l'aine. A partir de ce moment, augmenter progressivement la durée du bain d'une minute tous les deux jours, jusqu'à cinq minutes.

Quand on supportera le bain venant à l'aine, pendant cinq minutes, on envisagera la diminution de température de l'eau.

Tous les deux jours, le bain sera pris un degré de moins que le précédent, pour se fixer à 18° C.

Le bain définitif sera donc pris pendant cinq minutes dans de l'eau à 18° C, arrivant au pli de l'aine.

Naturellement les degrés de progression indiqués ne doivent constituer qu'un repère général qu'il faut adapter selon chaque cas propre. Ne passer à un autre échelon que si tout est bien toléré à chaque palier (quantité et température de l'eau, durée du bain). En cas de réactions pénibles ou anormales, reprendre au palier précédent.

Pendant le bain, il peut être procédé à un léger massage de la région du cœur avec de l'huile camphrée. Si le cœur est faible, appliquer une compresse chaude après massage pour faire bien pénétrer l'huile.

Eliminer radicalement : *toutes boissons alcoolisées, tabac, viande, café au lait, pain et sucre blancs* et tous les aliments non naturels. Veiller aux évacuations. Prendre l'argile avant un repas. Masser l'abdomen doucement, mais fermement, pour faciliter l'acheminement des gaz vers les voies d'évacuation.

En cas de crise grave, dans tous les cas, il faut cesser toute alimentation et ne prendre que du liquide (eau citronnée, argileuse, tisanes, bouillon de légumes avec verdure). Placer le malade dans un lit avec trois oreillers pour lui surélever le buste. Mettre également un coussin sous chaque bras afin de bien dégager le cœur.

LE LIEN REINS ET CŒUR

L'athérosclérose est à l'origine de la mort d'un Français sur trois. Les troubles cardio-rénaux sont les manifestations les plus dangereuses de l'athérosclérose, et la plus grande part des décès leur est imputable.

Puisque l'on se trouve, à la fois, devant une atteinte à deux organes importants, il est inévitable de se demander lequel s'est détérioré le premier. Toujours, les avis divergent. Pour les uns, le cœur est victime d'une insuffisance, d'une défaillance des filtres rénaux ; pour les autres, le surmenage, puis l'épuisement des reins succèdent aux troubles cardiaques. Les deux camps ont, à la fois, raison et tort. Raison, parce qu'il est possible que ce ne soit pas toujours le même organe qui flanche le premier. Tort, parce qu'au lieu de se demander lequel, du cœur ou des reins, a entraîné la chute de l'autre, il serait souhaitable de voir plus loin, et d'essayer de comprendre pourquoi le cœur et les reins d'un individu normalement constitué n'assurent plus le service régulier que l'on attend d'eux. On s'apercevrait alors que bien des troubles avant-coureurs ont été négligés ou mal traités.

C'est ainsi que reviendra le souvenir d'ennuis digestifs découlant de la perturbation des fonctions hépatiques. Le foie, depuis longtemps, donne des signes de défaillance, de surmenage. La vésicule biliaire, surtout, n'est plus en mesure d'assurer des sécrétions normales. La carence en bile se traduit d'abord par une grande imperfection dans la neutralisation des déchets de l'alimentation et du métabolisme (métabolites) ; ceux-ci envahissent le sang, les intestins et les reins. Puis une autre imperfection se révélera dans les fonctions d'assimilation ; déficient, le foie ne pourra mener à bien son travail de transformation des aliments. Les protéines pourront alors donner naissance à de dangereux poisons ; à tel point que l'on se trouve parfois dans une situation dont l'aspect paradoxal vient de ce que l'alimentation peut être constituée des éléments les plus sains, et être toxique tout de même, du fait de perturbations dans le processus de transformation des protéines.

Seule, la naturopathie peut apporter la solution à tous ces problèmes, en apparence insolubles. Si la réforme de l'alimentation, dans le sens du végétarisme, est souhaitable, indispensable même, elle ne sera vraiment efficace que dans la mesure où pourront être normalisées les fonctions hépatiques. Laquelle normalisation ne peut être assurée que par un traitement suivi, comportant le recours aux plantes, à l'argile et à toute médication naturelle ayant fait la preuve de son efficacité.

Avant d'envisager des mesures curatives d'ordre local, il nous faut passer rapidement en revue les principales manifestations imputables à une atteinte du cœur et des reins.

Le rein doit fournir un travail d'autant plus considérable que le foie n'est pas toujours en état d'accomplir toutes ses fonctions — et ceci, le plus souvent, du fait d'une alimentation défectueuse. Avec le foie, il contribue au maintien de l'équilibre acido-basique (pH) ; quand il y a trop d'acides dans le sang, le rein les libère dans les urines. C'est le rein qui retient les substances basiques du sang et les transforme en ammoniaque. L'urine provient des excédents liquides, notamment de ceux du plasma sanguin. Si ces liquides ne sont pas bien éliminés, ils stagnent dans les tissus et en provoquent le gonflement : œdème, ascite, etc. ; ils peuvent faire monter la tension artérielle. Dans l'urine, on doit normalement trouver de l'urée, produit excrémentiel provenant de la transformation des matières azotées, des acides urique, oxalique, lactique ; des sels, etc.

Les *troubles cardiaques se signalent* par un ralentissement de la circulation sanguine, avec phénomènes congestifs graves dans les viscères ; des pulsations accélérées et irrégulières ; de l'œdème des membres inférieurs remontant jusqu'à l'abdomen (ascite) ; l'accentuation de l'hypertrophie du foie et de l'épuisement des reins, lesquels ont précédé l'apparition des troubles cardiaques ; la congestion des poumons, d'où un essoufflement pénible avec le mouvement.

Le plus urgent est, évidemment, de soutenir le cœur dans son effort, avec la tisane « Cœur-Circulation » et le cataplasme son-lierre, appliqué chaud et gardé deux heures sur le cœur.

Rien ne compensera mieux ce cœur affolé ou épuisé que des émissions normales d'urine ; les accentuer avec le même cataplasme, placé alors sur les reins (alterner : une fois cœur, une fois reins). Prendre également du citron dans de l'eau, ainsi qu'une tisane pour reins et artériosclérose.

Agir sur la circulation par des bains de pieds et de mains à la vigne rouge (en faire bouillir 2-3 poignées dans l'eau suffisante, pendant 1/4 d'heure). Prendre un ou deux bains par jour (le même peut servir deux fois) de 15 à 20 minutes chaque.

Hors les crises aiguës, où toute alimentation serait inopportune, il sera bon de prévoir une petite cure de fruits (par exemple : trois jours à ne prendre que du raisin ou des pommes). Reprendre ensuite l'alimentation normale (lire : végétarienne).

Se méfier des calmants médicamenteux qui faussent l'aspect réel de la situation : le malade se croit en meilleur état et risque de commettre une imprudence fatale. Eviter aussi les « toniques », en réalité des excitants qui ouvriront la voie à une pénible et dangereuse dépression. Les méthodes médicales actuelles de traitement par les antibiotiques se révèlent finalement dangereuses, en raison des destructions de la flore bactérienne protectrice. La maladie est déjà le fait d'un milieu troublé ; le médicament ne peut qu'accentuer le déséquilibre. Rien n'est aussi redoutable que les perturbations apportées dans la flore bactérienne ; c'est là le départ de toutes les manifestations morbides. Il faut signaler aussi le danger des produits anticoagulants. Ce n'est pas mettre entrave à toute coagulation du sang qu'il faut, mais bien fluidifier ce sang, et le normaliser afin qu'il se coagule seulement en dehors des vaisseaux, et non dedans. Provoquer l'hémophilie ne constitue pas un remède, mais un regrettable palliatif. Seul, le citron est susceptible de fluidifier le sang et de favoriser la production des ferments nécessaires à sa coagulation en cas de blessure ou autre occasion de saignement.

En général, on supprime totalement le sel aux cardio-rénaux. A moins d'œdèmes importants ou d'hypertension, nous ne voyons pas qu'il y ait du danger à utiliser un peu de sel marin. Toutefois, le sel, contribuant à la production d'acide chlorhydrique (surtout nécessaire pour la digestion de la viande), n'est pas indispensable aux végétariens, et certains s'en abstiennent. Il ne saurait donc y avoir une règle absolue en la matière, sinon pour déconseiller les abus : le sel freinant l'action des ferments de transformation (d'où son utilisation pour la conserve), ralentit assez la digestion pour que surviennent des fermentations putrides ; par contre, il favoriserait certaines fonctions rénales. Si l'on use de sel, le faire avec modération, et que ce soit du sel marin non raffiné.

Il faut savoir que, principalement dans les affections dont il est question, la viande est un poison qu'il faut absolument éliminer si l'on tient à guérir. L'usage des sous-produits animaux (laitages surtout) sera considérablement réduit.

L'élément principal du repas sera le plat de crudités, venant après les fruits pris au début. L'assaisonnement sera d'huile d'olive (absolument garantie de première pression à froid), de citron, d'ail, de persil et autres aromates.

En matière de céréales, donner la primauté au riz, qui freine la montée de tension, et au sarrasin (kasha), qui contient une précieuse substance (la rutine) fortifiant les vaisseaux.

Le pain intégral serait trop fort ; lui préférer le pain complet à 85 %.

ATHÉROSCLÉROSE

Il faudrait d'abord s'entendre sur les termes. On parle d'*athérome*, d'*athérosclérose*, d'*artériosclérose*. Au fond tout cela revient au même. Voyons ce qui se passe.

Les parois des vaisseaux atteints d'*athérome* sont tapissées par une bouillie constituée surtout d'un mélange de *cholestérol*, de *graisse* et d'*acides gras*. Cette bouillie finit par aboutir à la calcification. Les grands vaisseaux, telle l'aorte, se transforment alors en tubes rigides et dilatés, irrégulièrement bosselés.

Peu à peu, le tissu élastique est remplacé par du tissu scléreux ne permettant pas le jeu normal du vaisseau ; si l'on passe le doigt sur l'artère, on ne constate plus de souplesse, mais on a la sensation d'un corps dur (artères en tuyaux de pipes). Le manque de souplesse s'accompagne toujours d'une diminution de résistance, les petits vaisseaux *athéromateux* se rompent parfois (dans l'hémorragie cérébrale, par exemple) ; la coagulation du sang est favorisée, d'où : thrombose artérielle cérébrale suivie de ramollissement. Les artères de moyen et petit calibre sont également modifiées par l'*athérome* : elles s'indurent et se rétrécissent.

On groupe généralement, sous le terme d'*athérosclérose*, l'*artériolosclérose*, qui est la sclérose des artères de petit calibre, et l'*athérome artériel*, sclérose des artères de moyen et gros calibre. Lorsque, à la suite de l'épaississement scléreux de leur tunique interne, surviennent des lésions des artères (surtout des petites artères viscérales) et que s'épaissit la couche musculaire, c'est l'*artériosclérose* qui s'installe. Par extension, on désigne actuellement, sous ce terme, le durcissement progressif des artères, avec les troubles circulatoires qui en découlent. On assiste alors à l'épaississement de la tunique interne, pouvant aller jusqu'à l'oblitération *(endartérite oblitérante)*.

Cette oblitération, lorsqu'elle se manifeste dans les membres, se traduit par une sensation de « doigts morts », des crampes et une claudication intermittente : une crampe survient, rendant tout mouvement impossible par suite de l'irrigation insuffisante pendant le travail musculaire. Complète, l'oblitération des artères entrave assez l'irrigation des tissus pour que ceux-ci se nécrosent ; la gangrène s'installe alors.

Si ce sont des artères du cerveau qui sont oblitérées, on voit apparaître les *vertiges*, et si la sclérose s'étend, elle peut aboutir au *ramollissement*.

La sclérose peut s'étendre à certains organes (cœur, reins) dégénérant par suite du défaut de circulation et de nutrition ; c'est la *sclérose dystrophique*. Le diamètre interne des vaisseaux étant sensiblement réduit par les plaques sclérosantes, la circulation sanguine est considérablement ralentie, les propres cellules des vaisseaux sont moins vite renouvelées, la sclérose s'étend rapidement. La tension artérielle augmente souvent. Le cœur et les reins s'épuisent.

Les symptômes de l'*athérosclérose* se confondant parfois avec ceux d'autres affections, il est assez malaisé de les délimiter. C'est ainsi que certaines douleurs, situées près des articulations, peuvent être révélatrices à la fois de rhumatisme, d'arthrite ou d'artériosclérose. Des éclairs fulgurants devant les yeux peuvent indiquer de la tension artérielle, avec ou sans athérosclérose. Les oreilles sifflent ou bourdonnent.

Des ulcères sont parfois ouverts par la nature pour permettre l'évacuation de la bouillie sclérosante. *Quel danger on court alors en tentant de les fermer par des moyens artificiels* (médicaments chimiques).

Dans l'*artériosclérose,* les vaisseaux sont généralement très apparents. L'artère radiale (qui commence dans la ligne du pouce et se dirige vers le coude) est saillante, sinueuse, rigide, dure ; elle roule sous le doigts et ne s'aplatit pas si aisément qu'une artère normale ; elle peut présenter quelques inégalités. L'humérale (qui va du coude à l'épaule) présente des modifications semblables. La temporale est également saillante ; ses sinuosités, comme celles de l'humérale et de la radiale, sont nettement visibles ; à chaque systole elles s'allongent et accomplissent une sorte de reptation que l'on peut très bien remarquer.

Parfois les battements d'artères sont perceptibles au toucher (temporale, hépatique, etc.). On ressent quelquefois ces battements au sommet de la tête.

On admet généralement que le cholestérol est un des principaux facteurs de l'athérosclérose ; on le trouve, *avec des graisses,* dans la bouillie sclérosante. Il peut avoir deux origines : 1° le *cholestérol exogène* introduit dans l'organisme avec les graisses *animales,* le lait, le beurre, les œufs ; 2° le *cholestérol endogène,* fabriqué par l'organisme lui-même pour ses propres besoins. Il ne faut pas oublier, en effet, que le cholestérol est nécessaire au fonctionnement du corps (fonctions de protection) ; c'est l'excès qui est dangereux. Le cholestérol est un de ces stérols qui, sous l'effet de l'ensoleillement, se transforment en vitamine D. Pour plus de précisions à propos du cholestérol, se reporter au livre « Le Foie, ce méconnu ».

Bien que le surmenage du système neuro-végétatif ait été avancé comme pouvant être à l'origine de l'athérosclérose, il est maintenant notoire qu'*en restreignant la consommation des aliments riches en cholestérol (sous-produits animaux) et en s'abstenant de graisses animales et même de toutes viandes, on réduit considérablement les possibilités d'encrassement des vaisseaux.* On se trouvera bien également de n'utiliser que le minimum de corps gras (huile, etc.) pour l'assaisonnement des aliments si l'on constate des signes manifestes d'artérosclérose (ou d'arthériosclérose).

Le problème des corps gras donne lieu à de nombreuses controverses. Si ceux d'origine animale sont unanimement déconseillés, les avis divergent parfois au sujet des autres. En ce qui concerne les margarines, les inconvénients de leur fabrication (voir *Vivre Sain*) en excluent les possibilités d'utilisation. Certaines huiles sont prônées, en raison de leur pouvoir hypocholestérolémiant (huiles de tournesol, de germes de maïs, etc.). Sans nier leur efficacité, rien ne semble pouvoir se substituer à la bonne huile d'olive extra vierge, garantie de première pression à froid. C'est ce qui ressort d'une très longue expérience manquant pour les autres huiles. Les harmonistes, usagers de l'huile d'olive, ne connaissent pas les misères physiologiques de l'athérosclérose.

Par son action absorbante, l'argile intervient avec bonheur. On en prendra régulièrement une cuillerée à café chaque jour, *sauf s'il y a élévation de la tension*. L'argile enrichissant le sang, il faut alors prendre quelques précautions et n'en boire qu'*un jour sur deux ou trois*.

Bien entendu, on surveillera les évacuations ; *non seulement par les intestins, mais aussi par les reins, le fonctionnement de ceux-ci pouvant se trouver ralenti par la sclérose.*

Les plantes les plus favorables à l'athéromateux (ou prédisposé) sont le *Tilleul,* l'*Aubépine,* la *Fumeterre,* le *Gui*. Pour maintenir (ou rétablir) la souplesse des artères on prendra, avant le repas, une tasse d'infusion de feuilles de *Noyer,* et une d'*Ulmaire,* après.

A propos du pain complet, nous ferons les mêmes réserves que pour l'argile. Il enrichit énormément le sang et ne devra pas être utilisé continuellement, mais en alternance avec du *vrai* pain de seigle. Rappelons que, dans les régions où l'on consomme du seigle, les artères sont souples, et fluide le sang.

Un des plus énergiques fluidifiants du sang est le citron, qui n'entrave pas la coagulation et ne présente donc *aucun des dangers de certains remèdes médicamenteux*. On en prendra 2 à 6 par jour, le jus dans un peu d'eau.

L'*ail* contribue aussi à fluidifier le sang. Il fait baisser la tension artérielle, mais jusqu'à un seuil normal ; *c'est un équilibrant*.

L'obésité accroît l'athérosclérose ; ne mangeons pas trop et surtout *ne cherchons pas toujours les aliments les plus nutritifs*. On est plus souvent malade de manger trop que pas assez.

Faire une grande, une immense place aux crudités, fruits et légumes, toujours pris en début de repas. Ne pas abuser de la cuisson à l'étouffée *concentrant beaucoup les principes nutritifs des aliments,* qui deviennent ainsi encrassants.

A la belle saison, nous n'oublierons pas l'ensoleillement qui nous permet d'utiliser nos stérols à d'autres fins que la calcification des artères.

DEUXIÈME PARTIE

LA CIRCULATION ET SES TROUBLES

L'HYPERTENSION ARTÉRIELLE

Le mécanisme de régulation de la tension artérielle étant sous l'influence du système neuro-sympathique, son dérèglement est l'indice de sérieuses perturbations. Dans un organisme fonctionnant normalement, cette régulation est assurée par l'équilibre entre les éléments modérateurs et les éléments accélérateurs. Que vienne à faillir le « système frénateur », et la tension monte, le pouls s'affole.

Pour que tous les organes puissent accomplir des fonctions s'équilibrant mutuellement, il faut que leurs cellules soient alimentées convenablement et que l'évacuation des résidus du métabolisme soit régulièrement assurée. L'alimentation joue donc un rôle considérable, et si sa réforme n'est pas toujours immédiatement suivie de résultats favorables, c'est que le système nerveux est marqué en profondeur, et qu'un certain délai est nécessaire pour le régénérer et le déconditionner.

Chez les vieillards aux artères durcies, l'hypertension traduit parfois simplement un effort de l'organisme pour assurer son irrigation, en général, et celle des organes nobles, en particulier. Ainsi, certains hypertendus arrivent à un âge convenable ; tel le professeur Cuénot, qui dépassa les 90 ans, malgré une tension de 25.

D'ailleurs les chiffres sont sujets à interprétation, et parfois à caution. Nous leur donnons moins d'importance qu'aux troubles enregistrés. Ceux-ci sont d'ordres divers et ne sont pas toujours ressentis en même temps. Cela peut être un simple mal de tête, revenant périodiquement, ou des étourdissements, des pertes d'équilibre, voire nettement des vertiges. Apparaissent aussi des troubles visuels : mouches volantes, filets lumineux, parfois interruption passagère de la vision (amaurose). Egalement des palpitations, des battements ressentis dans les artères, des essoufflements non justifiés, une sensation d'oppression, et parfois d'angoisse. Citons encore la compression des tempes, des bourdonnements d'oreilles, l'impression de refroidissement des extrémités, le phénomène des « doigts morts », des crampes, des mictions plus abondantes la nuit.

Chez les sujets jeunes, l'hypertension peut être consécutive à de graves lésions rénales. En tous cas, et à l'encontre de ce qui se passe chez les vieillards, elle indique toujours un fléchissement des défenses ; aussi survient-elle souvent en période de fatigue de l'organisme. Des notions assez précises figurent par la suite.

Le traitement de l'état général comporte une réforme stricte des mauvaises conceptions alimentaires, sans pour autant adopter la notion de « régime », avec installation dans la maladie et ses servitudes. A moins d'une situation très grave, nous ne voyons même pas la nécessité de la suppression totale du sel, et considérons qu'en l'occurrence le sel marin est plus utile que les sels médicamenteux de remplacement. Il n'est que d'en réduire l'usage et d'éviter de le cuire.

Les aliments les plus favorables sont l'*ail*, le *citron*, le *riz*, le *persil*, le *cassis*, la *poire*. On ajoutera largement *ail* et *persil* dans les plats cuisinés, et, le matin à jeun, on prendra une tasse d'eau dans laquelle on aura mis, la veille au soir, trois ou quatre gousses d'*ail* râpées (commencer par une demi-gousse, et augmenter progressivement la dose).

Les plantes les plus actives sont l'*Olivier*, l'*Aubépine*, le *Cassis* (feuilles), le *Gui*, la *Bourse-à-pasteur*. Cependant, au traitement spécifique, nous préférons celui qui tend au rétablissement des fonctions perturbées ; aussi donnera-t-on la prépondérance aux tisanes pour le foie, les reins, les intestins.

Des reins insuffisants, des intestins encombrés contribuent à l'élévation anormale de la tension. En assurer l'évacuation est la première mesure à envisager.

Avec l'hypertension, des accidents peuvent survenir, notamment des ruptures de vaisseaux. Avec ceux irrigant le cerveau ou le cœur, les conséquences sont sérieuses. Il est donc utile, parallèlement à la remise en état générale, de prévoir des mesures de précaution susceptibles de prévenir de tels accidents. Une des plus efficaces sera le bain de pieds avec une décoction de vigne rouge. On le prendra tous les jours — et même deux fois par jour si cela s'avère nécessaire — pendant 15 à 20 minutes chaque fois. Dès que la situation sera un peu améliorée, on réduira leur fréquence, mais il faudra en conserver au moins deux par semaine.

En cas de troubles localisés dans la tête, on appliquera de l'argile à la nuque, en même temps que l'on ajustera un « casque » de feuilles de chou (détacher les feuilles d'un chou vert ou rouge, couper la grosse côte, poser trois épaisseurs de feuilles superposées sur la tête, puis bander pour maintenir en place). Le tout sera gardé toute la nuit.

ÉPAISSISSEMENT DU SANG

En terme de médecine, c'est l'*hémogliase* (terme utilisé dans sa thèse sur ce sujet par le Dr de Larebeyrette), dont les symptômes rejoignent d'ailleurs ceux de l'artériosclérose, avec cette restriction que, non seulement il n'y a pas d'hypertension, mais au contraire une tension plus basse que celle qui est considérée comme normale. Les analyses du sang ne décèlent pas souvent, dans ce cas, d'urée, de sucre ou de cholestérol en excès ; simplement une augmentation du taux de potassium et de certaines « glucoprotéines », les « englobines alpha 2 ». On remarquera surtout une grande hyperviscosité sanguine ; à la suite d'une blessure légère, le sang qui apparaît a la consistance d'un sirop et il est très foncé (parfois presque noir). La circulation est nettement ralentie, ce qui se traduit, notamment, par la frilosité des extrémités.

Combien de ces malades se croient encore en sécurité parce que leur tension est basse. Et cependant, le danger de rupture d'un conduit est aussi grand avec un liquide visqueux, sans pression exagérée, qu'avec la pression accrue d'un liquide plus fluide. Aussi les accidents vasculaires sont-ils très fréquents chez les hémogliasiques, même s'ils sont encore jeunes (35-40 ans). Le facteur de morbidité, à partir de 40 ans, est considérable : on peut attribuer à l'hémogliase un grand nombre d'accidents vasculaires (hémorragies cérébrales, infarctus du myocarde, etc.).

Les symptômes apparents de l'épaississement du sang sont : des somnolences, un sommeil lourd, des troubles digestifs, une frilosité exagérée (extrémités surtout) avec, cependant, congestion de la face ou du crâne, ralentissement des fonctions cérébrales et du sens génésique. En réalité, les troubles profonds sont, à la fois, ceux de l'arthritisme et de l'artériosclérose, l'hémogliase étant au confluent de ces tendances morbides. C'est donc là le fait d'une hérédité particulièrement chargée avec aggravation par suite de conditions défavorables de vie.

Le rôle de l'alimentation, dans la genèse et l'entretien de cet état morbide, est considérable ; le docteur de Larebeyrette, qui a poursuivi de longues études sur cette affection et a observé de nombreux cas, note qu'il suffit de supprimer le pain blanc pendant quelques semaines pour obtenir une amélioration.

Cela démontre bien qu'il s'agit là, à la fois, d'un phénomène d'intoxication et de carences. Le danger des surcharges étant plus pressant que celui des insuffisances, l'effort devra plus porter sur les éliminations que sur les apports. Sachant que l'élimination précède l'assimilation, on accélère donc celle-ci en favorisant celle-là. Le rôle du citron est capital pour fluidifier le sang. Il devra être utilisé régulièrement pendant plusieurs mois — et parfois plusieurs années — à la dose de 2, 3 ou 4 par jour (le jus dans un peu d'eau, dans le courant de la journée). Considéré comme un hypotenseur, l'ail est cependant recommandé, bien que l'on ait dit que la tension soit plutôt en dessous de la normale. En réalité, l'ail est un régulateur de la tension qui ne fera jamais baisser un taux normal ou insuffisant ; mais l'important, ici, c'est l'action dépurative de l'ail, grâce à ses précieuses essences sulfurées dont le passage dans le sang est extrêmement rapide. Toutes les plantes aromatiques sont d'ailleurs instamment recommandées ; dans les menus, ne pas manquer d'ajouter largement des aromates (*persil, cerfeuil, estragon, sarriette, basilic, raifort, oignon, ciboule* et *ciboulette, thym, laurier, romarin,* etc.).

L'alimentation devra comporter des éléments revitalisants, rafraîchissants, et aussi nutritifs ; donc, surtout des crudités (fruits et légumes) assaisonnées avec huile d'olive, citron, sel marin, aromates ; un peu de légumes cuits. Egalement des céréales, mais en variant le plus souvent afin d'éviter l'encrassement ; faire se succéder : *blé, riz, orge mondé, flocons d'avoine, couscous, millet, sarrasin en farine* et *grains mondés* (kasha), *seigle.*

Si le fromage et les œufs peuvent être consommés en quantités modérées, par contre la viande doit être rigoureusement rejetée ; chaque gramme venant intensifier les dangers de la situation, ses poisons accroissent considérablement l'épaississement des humeurs.

Pour parer au plus pressé, c'est-à-dire aux risques de rupture d'un vaisseau sanguin, il est utile d'accélérer le cours circulatoire, tout en opérant une indispensable dérivation du sang grâce aux bains de pieds avec une décoction de vigne rouge.

Les plantes ont aussi un rôle d'importance à jouer, en libérant intestins et vessie, et en drainant foie et reins.

Chaque jour, le matin de préférence, il faudra prendre un court bain de siège froid, propice à l'accélération des échanges et de la circulation.

Les sédentaires devront s'astreindre à la marche et autres exercices physiques (gymnastique, jardinage, natation, etc.), en se gardant bien, toutefois, d'excès passagers, ainsi que cela se produit parfois pendant les vacances.

Nombreux sont les cas observés, et pour lesquels s'est toujours inscrite une très sensible amélioration, grâce à la pratique de la méthode harmoniste. Pour beaucoup, même, cela s'est traduit par un retour à une situation tout à fait normale. Il est évident que cela ne s'efface pas comme avec une gomme, et qu'il faut une certaine prévérance, ou plus exactement l'évolution des conceptions vers un mode de vie comportant, à la fois, renoncements et larges compensations.

LES HÉMORROÏDES

Ce sont des relâchements des veines ; les hémorroïdes étant des varices, généralement ouvertes, placées au-dessus ou au-dessous du sphincter anal, selon qu'elles sont internes ou externes. On les rencontre de plus en plus fréquemment, car elles sont consécutives à l'intoxication du sang et à la flaccidité des tissus en découlant. *Le sang se charge de déchets non évacués, il s'apaissit et assure mal les échanges de la nutrition ; les tissus mal nourris, insuffisamment oxygénés, deviennent flasques.* Les veines sont en contact permanent avec le sang noir, épaissi et chargé de plus de toxines qu'il n'en devrait charrier ; *leurs cellules ne sont pas renouvelées comme il le faudrait et se maintiennent en état latent d'asphyxie..*

Selon la profession ou l'activité, les toxines, obéissant à la loi de la pesanteur, s'accumulent aux jambes si l'on est souvent debout, surtout en cas de piétinement (vendeuses, etc.), ou à l'anus chez ceux qui sont le plus souvent assis. Toutefois, l'origine en est toujours l'obstruction du filtre hépatique, provoquant l'accentuation de la poussée dans la veine porte, ce qui a également pour effet d'accroître la tension des veines de la partie inférieure du corps et de faire gonfler celles de l'anus.

Il est aisé de comprendre que la première mesure de protection consiste à fluidifier le sang ; à en accélérer la circulation ; ensuite, à chercher les moyens propres à tonifier les vaisseaux.

Avant d'aller plus avant, il est nécessaire de dire quelques mots sur les traitements médicaux des hémorroïdes. Il est devenu malheureusement d'un usage courant de les faire « piquer ». En quoi consiste ce traitement par piqûres ? A introduire dans la veine une substance sclérosante susceptible de durcir le siège de l'hémorroïde. *Comment pourrait-on parler de guérison, alors que l'on a sclérosé, c'est-à-dire vieilli des vaisseaux.* Il nous semble logique, si nous devons recourir à une médication quelconque, que ce soit pour protéger nos organes, et non pas pour les vieillir prématurément, le vieillissement survenant toujours assez tôt.

Que ceux ou celles qui ont des hémorroïdes décident de les faire ainsi traiter, cela les regarde, encore faudrait-il qu'on les prévienne des conséquences possibles de ce traitement. *Après quelques années, la situation se complique du fait que les tissus étant encore plus mal irrigués qu'auparavant,* les cellules usées sont évacuées imparfaitement et trop lentement ; la région se trouve ainsi en état d'asphyxie. On parlera alors d'opération, avec tous les risques que cela comporte. Les hémorroïdes jouant souvent le rôle de soupapes de sûreté, il est toujours dangereux de les traiter autrement qu'avec le traitement naturel, lequel ne permettra leur obturation (si elles sont fluantes) et leur résorption que si les toxines ont pris une autre voie d'élimination.

Puisque nous savons que l'intoxication est à la base de l'apparition des hémorroïdes, *nous commencerons donc par dépurer le sang* en prenant, chaque jour, une cuillerée à café d'argile et le jus de 2 à 6 citrons, selon la tolérance. Recourir également à une bonne tisane dépurative du sang ; éventuellement à une tisane laxative si les selles sont insuffisantes.

Accélérer la circulation du sang avec des bains de siège froids de 3 à 4 minutes chaque. En faire un ou deux, chaque jour. *Eliminer de l'alimentation tout ce qui peut contribuer à épaissir ou à intoxiquer le sang* (viande, alcool, vinaigre, margarine, etc.). Adopter une alimentation à base de fruits, pain de seigle (si l'on a l'assurance que sa fabrication est correcte), légumes crus et cuits.

Certaines plantes sont astringentes *(Plantain, Sceau-de-Salomon)* et l'on peut les utiliser en applications sur les hémorroïdes. A la saison, on les applique fraîches ; en hiver on en fait des cataplasmes ou des compresses humides. Appliquer le soir, laisser en place la nuit.

Après trois semaines de cure de désintoxication, prendre une tisane à effet vaso-constricteur (formule indiquée pour

« varices-hémorroïdes », en cours de volume), pour aider les veines distendues à reprendre leur place.

En cas d'hémorroïdes saignantes, fluantes ou très ressorties, faire des petits bains de siège ou des lavages du rectum avec une décoction (tiède) d'*écorce de chêne* (200 g d'écorce pour deux litres d'eau, bouillir 1/4 d'heure).

Les hémorroïdes mettent parfois beaucoup de temps pour s'atténuer, car elles sont souvent en rapport avec l'équilibre glandulaire. *Ce n'est donc qu'à mesure où l'organisme retrouve son équilibre général que ces incommodités disparaissent.* Souvent, cela va très vite ; parfois il faut user de patience.

QUE FAIRE A LA MÉNOPAUSE ?

L'habitude prise de s'accommoder de la maladie, de lui donner un caractère de fatalité, comme de *la trouver où elle n'est pas,* a faussé assez les esprits pour faire de la ménopause un état pathologique et y voir une source inévitable et continue d'ennuis de tous ordres. Passé 40 ans, une femme s'attend à tous les désagréments, bien souvent sans réfléchir que les êtres subsistant dans leur milieu naturel ne sont nullement diminués par la cessation de l'ovulation. La ménopause maladive est une construction mentale liée à des conditions de vie par trop contraires à l'ordre de la nature.

En général, chez une femme en bonne santé, exerçant une activité normale, la fin de l'ovulation ne se situe jamais avant cinquante ans. Dans des groupes humains vivant encore assez près de la nature, il n'est pas rare d'observer des maternités bien après ce cap.

Normalement donc, cette période ne devrait entraîner aucune modification du train de vie habituel, *si celui-ci répond bien aux nécessités naturelles.* Malheureusement, des années — et parfois des générations — d'erreurs accumulées ont véritablement fait de la ménopause un âge critique. Des troubles d'ordres divers jalonnent les quatre ou cinq années que dure la ménopause ; ne survenant d'ailleurs pas subitement, mais commençant, le plus généralement, par des irrégularités dans la fréquence, la durée et l'importance des règles.

Ces troubles sont le plus souvent d'ordre congestif : bouffées de chaleur, étourdissements, congestion de la face, sueurs diffuses. Ils peuvent revêtir d'autres formes et se manifester par des palpitations, des troubles de l'ouïe, de l'empâtement des formes, des sensations d'étouffement, et même de l'hypertension artérielle. Ce sont parfois aussi des nausées ou autres manifestations de désordres hépatiques, *surtout si la ménopause est artificielle* et consécutive à l'ablation des glandes génitales ou à leur atrophie par un traitement de rayons, ou autre méthode aussi dangereuse et contre nature. Quand on sait que la glande hépatique exerce une action régulatrice sur certaines sécrétions sexuelles, on comprend facilement que l'arrêt ou le ralentissement de ces sécrétions ait des répercussions sur la fonction régulatrice. Si la ménopause survient bien à son heure, tout l'organisme est amené progressivement à ce nouveau rythme et il n'y a pas de « brisure » ou « d'anachronisme » entre les diverses fonctions intéressées.

Les décalages dans l'ordre naturel des choses font que, lors de la ménopause, surviennent fréquemment des troubles du psychisme (angoisse, irritabilité, asthénie ou excitation en alternance, obésité, modification du caractère avec répercussion déplorable sur le comportement, etc.).

On observe que, plus la ménopause survient prématurément, et plus les troubles sont accentués.

Après cinquante ans, les choses se passent généralement bien mieux. Toutefois, il faut faire une exception pour le cas où la présence d'un fibrome utérin retarderait le moment de la ménopause. Il est évident que cette situation anormale s'accompagne de la plupart des troubles décrits.

Il est donc bien préférable de ne pas attendre l'âge dit « critique » pour envisager l'adoption d'un mode de vie précur-

seur de calme et d'équilibre, non de troubles et d'incommodités.

Ne craignons pas de nous répéter sur le sujet des aliments « encrassants » et toxiques : la viande et ses dérivés, les pâtisseries industrielles, l'alcool *(même à petites doses)* et les véhicules d'alcaloïdes (café, cacao, tabac, etc.), les aliments adultérés à la transformation par l'introduction de substances chimiques. Tout ceci est dangereux.

Les aliments les plus favorables à la ménopause ou à la préménopause sont les *fruits* et les *légumes,* crus autant que possible. Les aliments végétaux « allègent » les humeurs, décongestionnent, favorisent les actes glandulaires, renforcent le système nerveux. Parmi les sous-produits animaux, donner la préférence au lait caillé (si possible sans présure) ; utiliser œufs et fromages en quantités modérées. Tous les miels naturels sont excellents.

Il faut accorder une importance toute particulière au *citron,* qui agit très favorablement sur le sang et sa circulation, à l'*ail* et au *persil,* également précieux. Ne pas négliger les autres aromates (cerfeuil, estragon, échalote, oseille, ciboulette, raifort, noix de muscade, etc.).

Parmi les plantes, il y a lieu de mettre en évidence la *Sauge* qui, selon de récents travaux scientifiques, *contiendrait une grande quantité d'hormones femelles* (6 000 unités internationales par kilo de plantes sèches). On l'utilisera, aussi bien comme aromate pour la cuisine que pour la préparation d'infusions à prendre à la dose d'une cuillerée à dessert par tasse d'eau bouillante ; infuser 20 minutes ; deux à quatre tasses par jour.

Les autres plantes favorables à l'état qui nous intéresse présentement sont : la *Vigne rouge,* qui accélérera la circulation sanguine, l'*Aubépine* et la *Passiflore,* qui tempéreront les incartades du cœur, le *Gui,* qui modérera les écarts nerveux, la *Persicaire,* qui diminuera l'intensité du flux sanguin si celui-ci est trop important. Ces plantes sont utilisées, seules ou associées, dans des infusions à prendre dans le courant de la journée, 2 ou 3 fois par jour, à la dose d'une cuillerée à dessert par tasse.

Nous avons vu que la ménopause peut être accompagnée de bouffées de chaleur, congestion de la face, d'hypertension, etc. Dans ces cas, de même que si se manifestent des engourdissements des membres, des fourmillements ou des crampes, il sera utile de prendre des bains de pieds ou de mains (ou tout ensemble) dans une décoction bien chaude, préparée avec quelques litres d'eau et 2 ou 3 poignées de vigne rouge ; bouillir 10 à 15 minutes.

Aucune pratique naturopathique n'est à négliger : le bain de siège froid ou à 18-20° C, les bains d'air et de lumière, les cataplasmes d'argile sur le bas-ventre en cas de règles prolongées ou de douleurs ou troubles localisés au bas-ventre, les respirations rythmées pour ramener le calme et l'équilibre.

TROISIÈME PARTIE

SOIGNONS NOS JAMBES

CES PAUVRES JAMBES

Les troubles affectant les jambes sont de plus en plus étendus et fréquents. Que de jambes rouges, violacées, œdématisées, crevassées, variqueuses, engourdies, agacées, cellulitiques, etc. Que d'existences empoisonnées par toutes ces misères, pourtant évitables, en grande partie.

Evidemment, on ne se débarrasse pas si vite de varices, d'engelures ou d'ulcères. La persévérance est nécessaire pour guérir, mais le résultat final est réconfortant, et dédommage de bien des efforts.

L'erreur serait de croire qu'il y a un traitement pour les varices, un autre pour l'artérite, encore un pour la dermite, l'ulcère, la cellulite, etc. Non, il y a seulement des adaptations aux cas particuliers, mais le traitement de fond est un, comme la cause.

Pourquoi les jambes sont-elles parfois dans un tel état ? Est-ce la station debout, la fatigue, les soucis, qui sont à l'origine de ces anomalies ? Peut-être, pour une petite part, mais la principale et véritable cause réside dans l'éloignement, où l'on se tient trop souvent, des règles naturelles de vie. Des aliments trop lourds, encrassant les vaisseaux, épaississant et acidifiant le sang, encombrant les conduits d'évacuation, voilà, pour le principal, l'origine de toutes ces misères, siègeant aux jambes... ou ailleurs.

MAUVAIS ALIMENTS ET MAUVAIS REMÈDES

On comprend très bien que tout traitement n'ayant pas, pour base, la recherche des erreurs alimentaires et leur redressement, est voué à l'échec. Un résultat sera peut-être enregistré, mais n'aura aucun caractère durable, et pourra s'accompagner de recrudescence d'autres troubles ; ou même on en verra naître, comme cela se passe quand un mal est masqué, endormi et non éliminé.

La viande est l'ennemie des jambes ! Laissant de nombreuses toxines sur son parcours, elle est ainsi à l'origine de spasmes dangereux, aboutissant souvent à des lésions parfois fort éloignées de la zone primitivement irritée. La présence de substances toxiques — la viande en est particulièrement riche — dans les intestins fait naître des spasmes de défense.

De plus, la viande conduit à la corruption des humeurs (sang, lymphe, bile) et à la sclérose des vaisseaux dont la paroi interne est progressivement tapissée de ses produits de désassimilation.

Il paraît inutile d'insister sur le rôle de l'alcool dont le pouvoir sclérosant est trop connu. Dégradant, de plus, le foie, l'alcool amoindrit les facultés de cet organe épurateur du sang et fournisseur de substances protectrices.

Le tabac est également un épouvantable toxique, menant tout droit aux plus graves troubles circulatoires. Sa nicotine est un sclérosant des vaisseaux. Toutes ses toxines sont à l'origine de spasmes et de lésions, points de départ des plus dangereuses complications (thrombose, notamment). On ne compte plus les amputations dues au tabac.

Tous les produits chimiques sont meurtriers pour les vaisseaux, dont ils contribuent à provoquer spasmes et lésions. Que dire alors quand des médicaments chimiques, donc sclérosants, sont introduits directement dans le sang ! Le foie s'épuise à les neutraliser, le rein à les éliminer, le cœur à les supporter. Toute substance étrangère, présente dans le sang, produit une irritation de la paroi des vaisseaux. Cette irritation agit sur les filets nerveux y aboutissant. Il s'ensuit une aggravation des troubles avec, souvent, influence sur le sang qui peut, en coagulant, obstruer d'autres vaisseaux. Ces modifications dans les fonctions conduisent à la dégradation des tissus et même à leur mortification (nécrose).

ALIMENTS PROTECTEURS DES JAMBES

Ainsi qu'on le verra, avec la description des principaux troubles affectant les jambes, le ralentissement de la circulation en est généralement à l'origine. Lequel ralentissement accentue encore les anomalies qui l'ont provoqué ; c'est ainsi que le ralentissement de la circulation veineuse est préjudiciable au renouvellement normal du sang qui, ainsi surchargé en acide carbonique, prend une couleur plus foncée et communique cet aspect violacé aux tissus (cyanose). Le ralentissement de la circulation artérielle, lui, appauvrit le sang en hémoglobine, d'où la teinte blanche des tissus ainsi mal nourris et maintenus en état d'asphyxie.

Rien n'est plus favorable au rétablissement d'une circulation normale que les végétaux, aliments légers pour le sang. En tête, nous placerons les fruits, surtout ceux dits « acides ». Certains légumes, tels que l'ail et l'oignon, sont particulièrement précieux de par les essences sulfurées qu'ils libèrent dans le canal digestif. Absorbées à travers les parois intestinales, avec les autres éléments issus de la digestion — gaz compris — ces essences sulfurées sont immédiatement reprises par le sang qu'elles contribuent à assainir, à épurer et à fluidifier, tout en exerçant une action détersive sur les parois vasculaires, et désinfectante à l'égard des zones éventuellement lésées.

Trois objectifs sont à atteindre : fluidifier le sang, l'épurer, déterger et assouplir les vaisseaux. Trois impératifs excluant les aliments toxiques ou même simplement trop forts. Plus que ce qui est très nutritif, il importe de rechercher ce qui n'est pas « encrassant ».

Le pain complet lui-même sera pris en quantité modérée, non qu'il ne soit pas favorable au sang, mais il l'enrichit tellement qu'il peut accentuer certains phénomènes anormaux. Nécessaire à l'équilibre général, il ne devra donc pas être exclu, mais on le fera alterner avec le pain de seigle (également fait sur levain), ou on le choisira préparé à partir de farine legèrement blutée (90 à 85 %).

Le fromage, les fruits secs, et surtout les légumes secs sont des aliments très concentrés dont il importe de réduire la consommation. Trop concentrés aussi sont les aliments cuits à l'étouffée ; il ne faudra donc pas recourir systématiquement à ce mode de cuisson.

On donnera alors la plus grande place à tous les fruits frais et aux légumes crus. Faire des petits déjeuners de fruits de saison. En prendre encore au début de chaque repas et poursuivre avec des crudités en abondance (chou, carotte, navet, radis, salades, épinards, etc.). Aromatiser très largement avec ail ou oignon, persil ou cerfeuil, estragon ou ciboule ou ciboulette, pimprenelle, sauge, sarriette, etc. Ajouter huile d'olive, sel marin et jus de citron, selon le goût. Quelques olives noires agrémentent bien le tout.

Si cette première partie ne suffit pas, ajouter un plat de légumes cuits, puis lait caillé, yaourt ou fromage blanc. Boire, de préférence entre les repas, de l'eau citronnée ou des tisanes.

A chaque apparition d'une nouvelle variété de fruits, il est sage de lui consacrer une journée entière, au cours de laquelle tout autre aliment sera exclu. Avec l'entraînement, on peut entreprendre des cures de plusieurs jours.

ARTÉRITE

Les substances pathogènes recélées par le sang exercent, sur la paroi interne des vaisseaux, une irritation pouvant aboutir à la lésion. Ceci étant aggravé par une carence en silice, laquelle se trouve à la base de la pellicule protectrice. Au niveau des lésions, ainsi formées, s'accumulent des dépôts de graisse, cholestérol et autres matières de désassimilation. La circulation se trouve entravée, parfois même interrompue, ce qui complique la situation en aboutissant à la sclérose de l'artère, puis à son obstruction (oblitération).

Une déviation va naître pour tenter d'assurer les communications, mais l'inflammation ne tardera pas à envahir ces nouveaux vaisseaux rudimentaires, ainsi créés, et la circulation sera alors complètement bloquée. Le sang se trouvant dans les extrémités coagulera (thrombose), et le danger de gangrène se fera menaçant.

Le début de la manifestation de l'artérite est indiqué par une période de claudication plus ou moins prononcée ; des crampes douloureuses au mollet surviendront au cours de la marche, obligeant à l'arrêt. S'atténuant avec le repos, l'impotence douloureuse reparaît avec la reprise de l'effort. Cette douleur est provoquée surtout par un spasme apparaissant consécutivement à l'irritation de l'artère lésée. Par la suite, elle surviendra même la nuit.

Si des mesures d'hygiène naturelle ne sont pas prises d'urgence, les pires complications — pouvant aller jusqu'à l'amputation, et même à la mort — sont à redouter. Toutefois, en agissant avec empressement et persévérance, le danger peut être écarté, la situation normale rétablie.

Là encore, la réforme alimentaire sera draconienne et ne comportera pas seulement l'exclusion totale de la viande, du poisson, de l'alcool et des boissons alcoolisées, mais aussi la réduction de la consommation des sous-produits animaux (beurre, fromages, œufs). Il faudra donner la plus grande importance aux fruits, puis aux légumes frais, crus le plus souvent possible. Si l'on peut se procurer du bon pain de seigle, le préférer au pain complet, tout au moins pendant la période de cure.

Avant de parler des remèdes, il faut mettre en garde les fumeurs, qui forment la presque totalité du lot de ces malades. La nicotine est un terrible sclérosant, et le premier remède sera de se débarrasser de ce fléau qu'est le tabagisme. Négliger ce conseil rendrait presque inutiles ceux qui précédent ou suivent.

Nous avons déjà évoqué les vertus du citron, qui agit énergiquement sur le sang en le fluidifiant, tout en favorisant le retour à l'élasticité des artères, qu'il décape. Naturellement, dans les cas sérieux, il ne faut pas se contenter de 2 ou 3 citrons par jour, mais faire une cure progressive, jusqu'à 9, 10 ou même 12 citrons par jour, pendant une ou deux semaines.

Aux plantes assurant la dépuration du sang, on ajoutera le *Tilleul*, l'*Aubépine*, l'*Ulmaire*, le *Gui*, la *Fumeterre*, exerçant une action antispasmodique et sédative de la douleur.

Au traitement général comportant, notamment, la pratique du bain de siège froid, on ajoutera le bain de pieds à la vigne rouge et des applications d'argile ou de feuilles de chou aux jambes.

VARICES

L'état d'intoxication prolongé peut aboutir à des modifications pathologiques ; c'est ainsi que les parois veineuses peuvent s'altérer et les valvules se déformer. Sous la valvule, la veine se dilate, la paroi se distend et s'atrophie. Le phénomène commence dans la région supérieure d'une veine, puis se propage en descendant, la valvule inférieure supportant la pression du sang que ne retient plus la valvule supérieure, et ainsi de suite, le poids de la colonne sanguine augmentant après chaque défaillance d'une valvule.

Le traitement dit « sclérosant » consiste à injecter un produit chimique irritant, provoquant la formation d'un caillot qui se fixe à l'endroit piqué. Il s'ensuit une inflammation de la veine, puis son durcissement. La sclérose est donc l'effet secondaire du traitement qui agit en provoquant artificiellement une phlébite atténuée. Souvent aussi c'est l'eczéma qui s'installe ; un eczéma des plus tenaces, envahissant parfois toute la jambe, cuisse comprise. Un procédé assez en vogue actuellement consiste à procéder à l'ablation pure et simple de la veine. Après traitement, on est en droit de se demander ce qu'il advient de la jambe, notamment de ses parties que le sang ne peut plus alimenter ni drainer intégralement.

Il ne faut pas se dissimuler que la régression des varices est lente ; toutefois, de bonnes améliorations peuvent être enregistrées grâce au traitement naturel.

Selon les occupations, les habitudes... ou les faiblesses organiques, les varices, localisées aux jambes le plus généralement, peuvent apparaître à d'autres endroits (bras, intérieur du nez, yeux, etc.). Certaines, telles celles qui surviennent parfois durant la grossesse, résultent, soit de la compression d'un gros tronc veineux due au déplacement du fœtus, soit le plus souvent d'un excès de folliculine. On sait que l'excès de folliculine provoque le ralentissement des fonctions hypophysaires, d'où un relâchement des fibres lisses et des ligaments. La régulation des œstrogènes (folliculine, etc.) est normalement assurée par le foie ; la défaillance de cet organe est donc, finalement, à l'origine de nombreuses varices.

Dès le début de la désintoxication, les bienfaits du traitement se font sentir par un soulagement plus ou moins net. Il ne faut pas ménager les efforts et, notamment, soigner tous les détails de l'alimentation. L'ensemble du traitement général sera poursuivi avec persévérance, en recourant aux tisanes pour le foie et la circulation, et aux plantes suivantes :*Plantain, Persicaire, Hamamélis, Millefeuille, Cyprès* (noix), *Cassis* (feuilles).

Il faut éviter les applications locales d'argile, en début de traitement. En effet, l'argile a la propriété d'attirer toutes les toxines, et il est inutile de surcharger encore une partie du corps, suffisamment touchée comme cela. C'est ainsi que des applications prématurées provoquent souvent un gonflement de la zone traitée. Il est préférable de compléter le traitement de base avec des applications de feuilles de *chou cru* et, par la suite, avec des feuilles de *Plantain* ou de *Sceau-de-Salomon.* Il faut des feuilles fraîches que l'on maintient en place avec une bande souple. Sur les très grosses varices, faire des badigeons ou des compresses humides avec une solution concentrée d'*écorce de chêne* (100 g dans un litre d'eau, bouillir 1/2 heure).

Quand un premier résultat est acquis, on peu commencer d'utiliser l'argile. La meilleure méthode consiste à faire des badigeons, en gardant les jambes nues. Etaler, avec la main, de l'argile préparée comme pour le cataplasme, mais plus liquide. Quand l'application est sèche, laver et recommencer. De temps à autre, faire de légers massages, avec un mélange d'huile camphrée (2 parties) et ail pilé (1 partie).

Les variqueux craignent les bains de pieds chauds qui provoquent souvent une recrudescence des gonflements. Une exception peut être faite pour le bain de pieds avec la décoction de vigne rouge qui est généralement bien supporté s'il est pris modérément chaud, et seulement deux ou trois fois par semaine. Favorisant la circulation par une action n'ayant que peu de rapport avec la révulsion d'un bain de pieds sinapisé, le bain précité s'insère bien dans le traitement des varices.

PHLÉBITE

Au cours de la défense de l'organisme contre les substances toxiques résultant d'une alimentation défectueuse ou d'une transformation imparfaite de certains éléments nutritifs, le système lymphatique peut se trouver débordé et laisser l'intoxication le gagner. Il s'ensuit l'élaboration de produits thrombosants susceptibles de provoquer la formation de caillots dans les veines : c'est la phlébite. On craint souvent que la migration d'un de ces caillots soit à l'origine de l'embolie. Or, il est probable qu'il s'agit plutôt de la formation d'un autre caillot dans un vaisseau proche du cœur. On prend souvent l'effet pour la cause en incriminant le caillot en place de la substance thrombosante. C'est ce que pensent d'ailleurs certains spécialistes modernes.

La phlébite survient, le plus souvent, après une opération abdominale (appendicite, hystérectomie, etc.), parfois après un accouchement, également à la suite d'un traitement aux antibiotiques. Il s'agit, en somme, d'une séquelle d'intoxication par les produits chimiques utilisés en accompagnement des opérations, et par le choc opératoire lui-même.

Chez le malade alité, la phlébite débute, le plus souvent, à l'endroit où la veine est comprimée par le poids du membre ; elle se signale d'abord par une légère accélération du pouls et une élévation de la température ; le mollet est un peu douloureux.

Les premiers jours, il sera bon de ne donner que des fruits et le plus possible de jus de citron, à la fois pour dissoudre le caillot et éviter la formation d'un autre. Accélérer les évacuations rénales et intestinales avec des tisanes appropriées, dont des recettes figurent au chapitre « Tisanes composées ». Faire boire de l'eau argileuse, à raison d'une cuillerée à café d'argile par jour, préparée à l'avance dans un demi-verre d'eau. Appliquer l'argile au bas-ventre et sur l'endroit affecté, alternativement. Pour la nuit, mettre des feuilles de chou, tout autour de la jambe. A d'autres plantes, ajouter *Consoude* et *Hamamélis*.

Surtout bien se rappeler que le citron est le remède numéro un, et que la réforme alimentaire, avec quelques pratiques naturelles (bain de siège, etc.), évitera toute récidive.

ULCÈRES ET PLAIES VARIQUEUSES

Les réactions de défense qui aboutissent aux ulcères sont d'ordres divers : il peut s'agir d'une perforation de la veine à la suite d'une escarre, ou d'un aboutissement variqueux. On rencontre des ulcères très petits, répondant généralement à la première définition, et d'autres pouvant occuper une très grande surface. L'élément douleur ne permet aucune comparaison quant à l'étendue de l'ulcère. Les tout petits ulcères (par thrombose) sont généralement très douloureux, et parfois plus longs à guérir que d'énormes ulcères variqueux, grands comme la main, ou plus encore.

Quel qu'ait été le mécanisme de formation de l'ulcère, on court toujours un grand risque en exerçant une action purement locale pour en tenter la cicatrisation. Le recours à des moyens artificiels, surtout agissant par l'extérieur, est extrêmement dangereux. Les impuretés éliminées par l'exutoire de secours que constitue l'ulcère risquent de rejoindre le torrent circulatoire et d'exercer les plus grands ravages en obstruant un vaisseau proche du cerveau ou du cœur.

Jamais un remède naturel ne permettra l'obstruction d'une porte de sortie rendue nécessaire en raison de l'envahissement du sang par les déchets toxiques. C'est seulement après le drainage vers les émonctoires naturels (intestins, reins, vessie) de ces dangereuses substances, que la fermeture de l'ulcère pourra être envisagée. Cela explique et justifie la relative lenteur du processus de guérison devant le traitement naturel. Si l'on considère qu'un ulcère guéri avec des pommades et autres remèdes médicamenteux peut se rouvrir aussi aisément qu'il a été cicatrisé, et que ce va-et-vient dure parfois des années, on reconnaît la supériorité de l'action des facteurs curatifs naturels qui mettent peut-être plus longtemps à résorber l'ulcère, mais le ferment définitivement, à de très rares exceptions près.

Entreprendre donc un traitement général de dérivation et remise en ordre comprenant le redressement des erreurs alimentaires, la pratique du bain de siège, le recours aux tisanes pour foie et dépuration du sang, aux citrons (en faire une bonne cure), à l'argile par voie buccale. Puis, agir localement sur l'ulcère, soit avec des cataplasmes d'argile, soit avec des feuilles de chou. Au début, on fera l'un et l'autre, pour voir laquelle application est la plus favorable. Si l'argile est bien supportée, et que son applicaiton n'est pas à l'origine de douleurs, il faut en mettre le plus souvent possible, en laissant chaque cataplasme en place pendant une heure et demie. Le soir, mettre des feuilles de chou cru, pour la nuit. Parfois, les feuilles de chou sont mieux supportées si elles ont été plongées dans l'eau bouillante avant utilisation.

Ce n'est pas toujours aussi simple, notamment avec les petits ulcères, très douloureux, surtout la nuit. Dans ce cas, il faudra faire quelques essais pour trouver le meilleur système calmant. C'est ainsi que l'on recourra aux compresses humides avec décoction de buis ou de vigne rouge (pour l'un ou l'autre : 40 g de feuilles par litre d'eau, bouillir 1/4 d'heure). Si l'on dispose d'un récipient approprié, on peut faire des bains locaux tièdes, soit avec une décoction de vigne rouge, de buis ou de varech vésiculeux ; soit encore avec de l'eau salée (sel marin) assez chaude.

Au début du traitement, il est fréquent de constater une extension de l'ulcère, soit en étendue, soit en profondeur. Ce phénomène s'explique par la résorption des tissus nécrosés qui seraient susceptibles d'être un obstacle à la reconstitution cellulaire. Après élimination des cellules mortes ou gravement lésées, on constate, assez rapidement, la repousse des tissus ; des « bourgeons » apparaissent au fond de l'ulcère, petits monticules qui s'étendront et parviendront à combler la dépression ulcéreuse.

Lorsque l'ulcère commence à avoir meilleur aspect, que les abords paraissent plus sains, il est nécessaire de le laisser découvert plusieurs heures par jour afin que l'excitation produite par les agents extérieurs incite l'organisme à reconstituer une barrière de protection. Pour faire un pansement sec, on met une pellicule d'oignon (petite peau très fine entre deux couches du bulbe) et un linge léger par dessus.

Après fermeture de l'ulcère, il sera bon de continuer assez longtemps le traitement local, pour la consolidation. Dans la journée, un cataplasme d'argile sera appliqué pendant une heure et demie à deux heures ; le soir, on mettra, pour la nuit, trois épaisseurs de feuilles de chou cru, préalablement écrasées au rouleau à pâtisserie.

DERMITES

Les jambes sont parfois le siège d'inflammations présentant une grande ressemblance avec l'eczéma. Ceci se produit, notamment, après la fermeture d'un ulcère. L'organisme finit ainsi de se libérer des impuretés qui encombrent les humeurs.

Sur ces tissus, ainsi irrités, on peut appliquer des feuilles de chou, de bardane, de lierre ; faire des lotions avec une macération de varech vésiculeux ; pommader avec un mélange d'huile d'olive et argile en poudre.

Il ne faut pas se dissimuler que cette forme d'eczéma est très tenace, et sa guérison le fruit d'une grande persévérance, non seulement dans la poursuite des soins locaux, mais dans celle du traitement de fond qui fera disparaître toutes ces anomalies et incommodités en reconstituant la santé totale excluant tout trouble.

ENGELURES

C'est la manifestation typique d'une mauvaise circulation, et l'on pourrait ajouter : d'un métabolisme général défectueux. En effet, la présence d'engelures indique des troubles de la nutrition, avec les carences qui en sont le corollaire.

Elles nécessiteront une grande persévérance dans la poursuite du traitement, qu'il sera sage d'entreprendre avant que la saison froide ne vienne compliquer la situation. Le vrai traitement des troubles à recrudescence saisonnière doit d'ailleurs se poursuivre pendant les périodes d'accalmie : c'est à ce moment qu'il agit le plus efficacement, et non au moment où les perturbations sont accentuées par des influences extérieures. Quoi qu'il en soit, le froid et l'humidité ne sauraient être incriminés, ce sont des solliciteurs et non des responsables. C'est à l'intérieur qu'il nous faut rechercher les causes.

La réforme alimentaire, les cures de fruits, de citrons, les tisanes, l'argile par voie buccale, le bain de siège, constitueront le traitement de base qui sera complété par des bains de pieds et de mains à la vigne rouge.

Lorsque les engelures apparaissent, on procède alors à des bains locaux (ou compresses, selon l'endroit affecté) avec une décoction chaude de son et feuilles de noyer (deux poignées de son pour une de feuilles de noyer) ou encore de fleurs de sureau. Si la peau est très abîmée, faire des bains ou compresses avec une préparation de lait et de bouillon blanc (une poignée de fleurs dans une tasse de lait ; cuire 10 minutes).

Une pommade réussit particulièrement bien : au bain-marie, faire fondre 50 g de beurre de cacao (l'acheter « en copeaux ») avec 75 g d'huile d'amandes douces. Laisser refroidir.

AGACEMENTS
FOURMILLEMENTS
ENGOURDISSEMENTS

Ce sont là des effets différents d'une même cause. L'alourdissement du sang, par l'accumulation des déchets et toxines, met entrave au libre jeu de la circulation : souvent ce sont des cristaux minuscules d'acide urique, oxalique, etc., qui sont ainsi véhiculés par le sang. Le passage de ces substances sur les filets nerveux qui tapissent la paroi des capillaires produit une excitation se transmettant vers les centres intéressés dont la « réponse » se traduit par ces agacements, fourmillements et engourdissements.

La justification de ce qui précède réside dans les résultats positifs obtenus rapidement après la réforme de l'alimentation, la mise en route de quelques pratiques curatives naturelles (bains de siège, plantes, etc.) et une quinzaine de bains de pieds à la vigne rouge, à raison de un ou deux par jour. Parfois les bras sont le siège des mêmes phénomènes et l'on fait alors, en même temps, bain de mains et de pieds. Ajouter à cela une tisane pour activer la circulation du sang.

CRAMPES

Elles peuvent être d'origine artérielle, comme on l'a vu en étudiant l'artérite. Le plus souvent, ce sont des spasmes musculaires qui cèdent sous l'influence de compresses humides très chaudes (fomentations) ou de bains de pieds chauds, avec son et feuilles de vigne rouge. Pratiquer de même lors du phénomène des doigts « morts ». Dans ce cas, faire des bains de mains en place des bains de pieds.

Le traitement général, comportant la réforme alimentaire, est indispensable pour faire cesser définitivement ces divers ennuis et éviter les récidives.

Il ne faut pas négliger l'avertissement donné par ces incidents, ils indiquent que le fonctionnement de l'organisme est troublé et que des troubles graves ne tarderont pas à survenir si des mesures de redressement ne sont pas entreprises. Sans compter que, par eux-mêmes, ces spasmes sont ou peuvent devenir très douloureux, aussi leur cessation mérite un effort à entreprendre et à poursuivre.

JAMBES ROUGES OU VIOLACÉES

Dans ce cas, l'intoxication atteint plus spécialement les vaisseaux capillaires superficiels. Le blocage qui en résulte peut avoir des conséquences extrêmement fâcheuses, l'atrophie ou l'occlusion des capillaires conduisant à la mortification des tissus environnants, avec les conséquences qui en découlent : œdème, infection, etc.

Un mot d'explication est nécessaire au sujet de ces vaisseaux capillaires (fins comme des cheveux) qui forment un réseau secondaire — ayant une certaine autonomie — avec, pour chaque faisceau, un cœur dépendant : le glomus, dont le rythme est plus lent que celui du cœur central.

Les troubles capillaires peuvent aussi bien revêtir la forme d'une dilatation (ectasie) que d'une occlusion par caillot (thrombose). La dilatation est d'ailleurs une manifestation de défense de l'organisme qui la provoque pour permettre le passage du sang épaissi. Elle se poursuit naturellement par l'inflammation, et l'occlusion ne tarde pas. L'atrophie qui en résulte favorisera des lésions de l'épiderme, pouvant aboutir aux ulcères par escarres, petits ulcères très douloureux en raison de l'inflammation qui gagne les filets nerveux. Ils sont souvent accompagnés d'un anneau de sclérose qui forme une véritable guêtre rigide, très désagréable en raison de la sensibilité extrême. Au-dessus, au mollet, prend naissance un œdème, souvent important. Parfois l'escarre atteint la paroi d'une veine et provoque sa rupture. Le traitement de l'ulcère qui peut en résulter est indiquer dans un précédent paragraphe.

Avec le traitement général, rigoureusement appliqué, on fera des bains de pieds à la vigne rouge, comme pour les jambes lourdes. Le soir, au coucher, on entourera toute la partie inférieure de la jambe sous trois épaisseurs de feuilles de chou (rouge ou vert) préalablement écrasées au rouleau à pâtisserie. Laisser en place toute la nuit.

Donner une grande importance au citron et à l'ail qui, seuls, sont susceptibles de rétablir la circulation ainsi interrompue.

Par la suite, il faudra prévoir, chaque jour, un cataplasme d'argile sur toute la région affectée. Laisser en place deux heures environ, et continuer les applications de feuilles de chou pour la nuit.

JAMBES ENFLÉES

Nous nous trouvons, là encore, devant un trouble d'ordre général. Par suite d'irrégularités dans les commandes, il se produit un déséquilibre dans l'utilisation ou l'élimination du sodium qui passe, à travers la paroi vasculaire, dans les tissus où il fixe l'eau.

Il est probable qu'il s'agit d'une manifestation de défense, comme l'élimination, par la même voie, de certaines substances résiduaires ou excédentaires, telles que des albumines, des stérols, etc. Laquelle élimination se traduira par des éruptions.

Dans tous les cas, il importe de s'efforcer à retrouver un équilibre plus propice à la santé. Pour cela, le traitement naturel sera entrepris et secondé par des applications de feuilles de chou sur les endroits intéressés.

Il faudra veiller tout particulièrement au bon accomplissement des fonctions rénales et ne pas hésiter à les stimuler en appliquant, chaque soir, sur les reins, un cataplasme son-feuilles de chou-oignons (voir recette plus loin).

JAMBES CREVASSÉES

Cela indique un déséquilibre général et un état de dénutrition des tissus cutanés. La réforme alimentaire joue, on le comprend aisément, le tout premier rôle. Se reporter aux conseils précédemment donnés et ne pas omettre les cures de fuits.

Au traitement général, on ajoutera des compresses humides préparées avec une décoction d'*Absinthe* et *Géranium Robert*. Dans une litre d'eau, mettre 30 g du mélange à parties égales ; faire bouillir quelques minutes et macérer la nuit.

Pour la nuit, passer sur les endroits crevassés un mélange d'huile d'olive et d'argile en poudre.

Bains de pieds à la vigne rouge et applications de feuilles de chou peuvent contribuer à la disparition de ce désagrément.

JAMBES LOURDES

Quand des substances étrangères, des déchets et toxines se trouvent dans le sang, la pesanteur les fait descendre, tout naturellement, dans les jambes. L'entrave portée à la libre circulation aboutit au stationnement du sang dans les veines des membres inférieurs. Tout ceci explique que ces sensations de lourdeur dans les jambes se font particulièrement sentir le soir ou après une station debout prolongée.

La dépuration est de rigueur, avec argile par voie buccale, citrons, tisanes. Au traitement général on pourra ajouter des bains de pieds avec une décoction de vigne rouge.

CELLULITE

Les jambes sont parfois affectées par la cellulite, en même temps que d'autres régions (hanches, nuque, etc.). La cellulite n'est pas un simple encombrement localisé, mais une grave inflammation du milieu intercellulaire, une sorte de rhumatisme de la cellule. Aussi comprend-on combien sont illusoires toutes les mesures purement locales, généralement préconisées. Aucune intervention externe ne peut présenter d'efficacité si elle ne constitue pas le complément du traitement de fond.

On se reportera donc aux instructions générales déjà précisées, puis on fera localement des applications de lierre grimpant, de varech vésiculeux, d'argile ou du cataplasme son et feuilles de lierre. Si l'on dispose de feuilles de lierre fraîches, procéder ainsi : étaler une couche d'argile sur un linge assez fort ; étendre les feuilles de lierre, en les faisant un peu chevaucher, et appuyer pour faire bien adhérer à l'argile ; mettre en place, les feuilles à même la peau ; bander et garder toute la nuit.

Eviter les massages durs ; seuls sont acceptables les effleurages dont on pourra améliorer l'effet en utilisant de l'huile de lierre, préparée en faisant macérer des feuilles de lierre grimpant dans de l'huile d'olive. Dans une bouteille contenant de l'huile jusqu'à mi-hauteur, ajouter les feuilles hachées, pour compléter ; mettre au bain-marie pendant deux heures. Utiliser en laissant le lierre avec l'huile.

QUATRIÈME PARTIE

LES SOINS NATURELS D'ORDRE GÉNÉRAL

NATUROPATHIE

Le premier remède a déjà été évoqué, c'est le citron, qui est irremplaçable pour le rétablissement d'un cours normal du sang, avec assouplissement des vaisseaux. Certains remèdes (dicoumarol, etc.) fluidifient le sang en mettant entrave à la formation du ferment coagulateur (thrombine). La première conséquence est donc une atteinte du foie qui, normalement, assure la production du ferment ainsi détruit dans ses tissus. On pense bien que le ferment n'est pas seul touché. Ensuite, le sang, privé de thrombine, ne pouvant plus coaguler, il s'ensuit un état latent d'hémophilie ; la moindre blessure peut présenter les plus grands dangers.

Le citron, lui, en même temps qu'il fluidifie le sang, favorise sa coagulation normale en cas de nécessité. On reconnaît bien là cette grande sagesse de la nature qui fait, une fois de plus, ressortir l'insuffisance des moyens employés par l'homme pour se substituer à elle. Une autre propriété du citron est de contribuer à rendre la souplesse aux vaisseaux sclérosés. Détersif puissant, le citron « décape » littéralement la paroi vasculaire et assure l'élimination vers les reins des déchets ainsi décrochés. Il s'ensuit une surcharge de l'urine, parfois interprétée comme une perte de phosphates, ce qui est donc une erreur.

On peut prendre, régulièrement 2 à 4 citrons par jour, le jus dans un peu d'eau fraîche, en plusieurs fois entre les repas. Se reporter aussi aux instructions figurant plus loin pour la « cure de citrons ».

L'ail, nous l'avons déjà souligné, est un merveilleux désinfectant et fluidifiant du sang. En plus de l'utilisation courante, on se trouvera bien d'une cure d'eau aillée. Chaque soir, râper 3 ou 4 gousses d'ail dans une petite tasse d'eau ; laisser macérer toute la nuit ; le lendemain matin, passer et boire. Remarque très importante : même si la consommation habituelle d'ail est considérable, il faut *toujours* commencer par une demi-gousse et atteindre progressivement la dose de 3 ou 4 gousses. Faute de respecter ces prescriptions, on risque un malaise, court mais désagréable (sans conséquences, toutefois).

Des plantes, isolées ou en mélanges, sont plus spécialement propices à la disparition de certains troubles ; nous les indiquons plus loin. D'autres, agissant d'une façon plus générale, correspondent bien aux nécessités d'un traitement préparatoire ou d'entretien. Ce sont celles qui sont dépuratives du sang : *Ortie, Salsepareille, Houblon, Ményanthe, Bourse-à-pasteur, Douce-amère, Persicaire, Chardon bénit, Pensée sauvage, Saponaire, Carex, Bourrache, Patience, Bardane ;* celles qui favorisent les évacuations intestinales : *Bourdaine, Nerprun, Guimauve, Lin, Casse, Séné ;* celles qui aident aux éliminations par la voie rénale : *Bugrane, Chiendent, Frêne, Maïs, queues de Cerises, Busserole, Sureau.*

L'argile, par voie buccale, est utile dans les troubles circulatoires, en raison surtout de son pouvoir d'absorber les impuretés et de stimuler les fonctions glandulaires. Toutefois, comme elle enrichit le sang, il y a lieu d'en espacer l'usage en cas d'élévation importante de la tension artérielle. En général, on en prend une cuillerée à café, chaque jour, dans un demi-verre d'eau. Les hypertendus, de même que les prédisposés à la constipation, n'en prendront qu'une ou deux fois par semaine. Parfois, il faut se contenter de boire l'eau seule.

PHYSIOTHÉRAPIE GÉNÉRALE

Par ce qui précède, des mesures spéciales ont été indiquées avec la description des troubles particuliers. D'autres pratiques sont indispensables au retour à l'équilibre général et doivent toujours préluder aux traitements locaux, dont elles assureront et intensifieront l'efficacité.

En premier lieu, nous placerons le bain de siège froid. Chaque jour, le matin de préférence, s'asseoir pendant quelques minutes dans l'eau froide, jusqu'à l'aine. Précipitant les échanges et fonctions, cette pratique stimule bien la circulation. Agissant, de plus, sur intestins, reins et vessie, les éliminations s'en trouveront activées. Le sang pourra donc se libérer plus vite de ses impuretés.

Le rôle calmant du bain de siège est apprécié lorsque les spasmes sont devenus habituels et constituent une aggravation de l'état, ainsi que nous l'avons vu précédemment.

Une période d'applications d'argile au bas-ventre précédera utilement les applications locales. Chaque soir, on mettra donc un cataplasme sur tout le bas-ventre. Le garder toute la nuit, ou le retirer s'il provoque une sensation anormale ou désagréable (énervement, refroidissement, etc.).

Toute l'attention désirable doit être accordée aux exercices respiratoires, l'élimination de l'acide carbonique et l'oxygénation du sang étant vraiment de première importance, là encore plus qu'ailleurs. La présence d'acide carbonique dans le sang modifie le taux du pH ; le sang est alors plus acide, ce qui affaiblit les défenses et favorise la précipitation du cholestérol qui s'agglutine ainsi à la paroi des vaisseaux. En respirant largement on contribue donc à l'alcalinisation du sang. Moins d'acide carbonique et plus d'oxygène dans le sang permettront une meilleure nutrition des tissus vasculaires. Les exercices respiratoires purifient et enrichissent le sang, tout à la fois. Le rythme dans la respiration peut atténuer les spasmes et même les faire disparaître.

Un exercice à la portée de tous est la marche, qui accélère la circulation par suite de la pression exercée sur la semelle veineuse plantaire ; laquelle pression contribue à projeter le sang vers le cœur. Nous disons bien marche, et non piétinement, car rien tant que le piétinement contribue aux difficultés circulatoires et à l'engourdissement.

CONFECTION DU CATAPLASME D'ARGILE

L'argile préalablement séchée (au soleil ou dans un endroit chaud et aéré), puis concassée, sera mise telle quelle dans un récipient (de terre cuite, de bois, en émail, en verre, mais jamais en métal nu ou en matière plastique) ; la couvrir d'eau froide non bouillie et laisser reposer quelques heures.

Au contact de l'eau, l'argile se désagrège et forme une bouillie qui doit avoir la consistance d'un mortier assez compact. Si ce mortier est trop clair, ajouter un peu d'argile en poudre pour l'épaissir.

Sur une serviette ou trois ou quatre épaisseurs de torchon cellulosique, étaler une couche uniforme de un à deux centimètres d'argile, au moyen d'une spatule en bois.

Appliquer l'argile en contact direct avec la peau ou la plaie, et laisser en place de une à trois heures, selon le cas. Ne mettre une mousseline intercalaire qu'en cas de nécessité (endroit, velu, etc.).

Après chaque application, laver l'emplacement avec de l'eau fraîche ou tiède, non bouillie, mais salée ou citronnée s'il s'agit d'une plaie.

L'argile ne sert qu'une fois, la jeter après usage.

Dans la plupart des cas, l'argile s'applique froide, mais il est parfois préférable de la tiédir, surtout au début des applications. Placer le cataplasme sur le couvercle retourné d'une casserole contenant de l'eau chaude, sur un radiateur de chauffage central, etc., ou mieux, faire chauffer d'avance l'argile, au bain-marie. Poser alors le récipient d'argile en pâte dans une bassine contenant de l'eau et mettre le tout à chauffer.

Le cataplasme est laissé en place deux heures ou plus. On peut même le garder toute la nuit, tant qu'il ne détermine aucune sensation anormale ou désagréable (accroissement de la douleur, énervement, refroidissement interne ou chaleur excessive, etc.).

Il est parfois nécessaire de commencer par des cataplasmes très minces (1 cm à peine), laissés en place une heure et demie seulement, afin d'habituer progressivement l'organisme à supporter l'argile, en évitant de provoquer des réactions trop énergiques.

On peut prévoir des séries d'applications quotidiennes de trois semaines par mois. Dans certains cas, le traitement peut durer plusieurs mois. Il ne faut pas hésiter à l'interrompre provisoirement si l'organisme donne des signes de fatigue, quitte à le reprendre dès le retour des forces. Souvent, c'est le contraire, l'argile contribuant à la reconstitution des réserves vitales. Alors les applications peuvent être poursuivies, sans aucune pause, et même, si les occupations le permettent, intensifiées. Il est possible, en effet, de mettre deux ou trois cataplasmes par 24 heures.

CONFECTION DU CATAPLASME SON - FEUILLES DE LIERRE

Prendre une certaine quantité de son (3 à 5 poignées, selon l'étendue à recouvrir par le cataplasme) et deux bonnes poignées de feuilles de lierre grimpant, fraîches ou sèches, coupées assez finement.

Ajouter un peu d'eau et mêler le tout dans un récipient allant au feu. Faire cuire en remuant jusqu'à **élimination totale de l'eau** (5 à 10 mn). Sur une mousseline, étaler une couche de 2 cm d'épaisseur, bien plus large que la partie malade. Replier la mousseline et appliquer assez chaud, mais non brûlant. Bander et laisser en place deux heures ou plus. Peut être appliqué à n'importe quel moment. Ne sert qu'une fois.

CONFECTION DU CATAPLASME SON - FEUILLES DE CHOU-OIGNONS

Procéder comme précédemment, en remplaçant les feuilles de lierre par 2 ou 3 feuilles de chou et 2 gros oignons, le tout haché.

FEUILLES DE CHOU

Couper la grosse côte des feuilles de chou, vert ou rouge ; bien écraser au rouleau à pâtisserie ou avec une bouteille. Appliquer, soit tel, soit après avoir exposé les feuilles au-dessus d'une source de chaleur (fourneau électrique ou à gaz, etc.). Mettre en place le soir au coucher, bander et laisser toute la nuit.

BAIN DE PIEDS A LA VIGNE ROUGE

Dans deux ou trois litres d'eau, mettre deux bonnes poignées de feuilles de vigne rouge. Bouillir un quart d'heure. Ajouter de l'eau froide ou attendre que la décoction soit à une température supportable pour les pieds (ou les mains). Rester quinze à vingt minutes dans le bain, en ajoutant de l'eau chaude de temps à autre, pour éviter le refroidissement.

Si le bain est à l'origine d'une sensation désagréable, ou provoque le gonflement des veines, le prendre moins chaud.

Cette préparation peut servir deux ou trois fois ; il n'est que de la réchauffer.

BAIN DE SIÈGE

Mettre dix à quinze litres d'eau dans un récipient assez grand pour que l'on puisse s'y asseoir sans faire déborder l'eau qui devra atteindre le pli de l'aine, à peu près.

Commencer avec de l'eau à 22-25° C, et rester une ou deux minutes. La température de l'eau des bains suivants sera amenée progressivement à 18-20° C, et la durée à 3-4 minutes (cinq au maximum).

Dès la sortie du bain, se frictionner, puis se couvrir.

Ce bain doit se prendre dans une pièce bien chaude et ne doit jamais provoquer un refroidissement du corps, ni aucune sensation désagréable ou anormale (frissons, palpitations, etc.).

L'ARGILE PAR VOIE INTERNE

Pour boire, l'argile doit être préparée quelques heures à l'avance.

En principe, on met une cuillerée à café d'argile en poudre dans un verre d'eau, le soir. Le lendemain matin, ou avant un repas, remuer et boire le tout. Au début on laissera le dépôt au fond.

Les deux premiers mois on la prend trois semaines par mois, ensuite une semaine sur deux.

LA CURE DE CITRONS

Utiliser le jus, en ajoutant une quantité égale d'eau non bouillie. A la rigueur, édulcorer avec un peu de miel, mais éviter le sucre.

Prendre la quantité correspondant à la tolérance, en deux, trois ou quatre fois, dans le courant de la journée (entre les repas).

1re semaine : 2, 3, 4 ou 5 citrons par jour ;
2e semaine : 5, 6 ou 8 citrons par jour ;
3e semaine : 7, 9 ou 12 citrons par jour ;
4e semaine : 5, 6 ou 8 citrons par jour ;
5e semaine : 2, 3 ou 5 citrons par jour ;
6e semaine : (et suivantes si possible) : 1 à 3 citrons par jour.

Si, en cours de cure, surviennent des troubles divers (nausées, notamment) ne pas cesser la cure brusquement, mais progressivement.

LES TISANES COMPOSÉES DE RAYMOND DEXTREIT

ENCOMBREMENT DU FOIE

Romarin, 10 g ; Souci 10 g ; Artichaut, 20 g ; Cassis, 10 g ; Centaurée, 10 g ; Aspérule odorante, 30 g ; Prêle, 10 g ; Caille-lait, 10 g ; Réglisse, 30 g ; Busserole, 10 g.

Mettre une bonne cuillerée à soupe du mélange dans une tasse d'eau bouillante ; laisser bouillir doucement deux minutes, puis infuser dix. Prendre une tasse, un quart d'heure avant les deux principaux repas.

FOIE ET VÉSICULE BILIAIRE

Boldo, 30 g ; Grémil, 25 g ; Menthe, 15 g ; Asperge, 20 g ; Souci, 20 g ; Aspérule odorante, 40 g ; Caille-lait, 20 g ; Romarin, 20 g ; Réglisse, 30 g.

Une ou deux cuillérées à soupe dans une tasse d'eau bouillante ; infuser dix minutes. Une tasse avant ou, de préférence, après les deux principaux repas. Ajouter du miel si l'on désire.

TISANE DÉPURATIVE ET LAXATIVE

Salsepareille, 10 g ; Réglisse, 15 g ; Serpolet, 10 g ; Garance, 15 g ; Séné, 10 g ; Saponaire, 20 g ; Bourrache, 10 g ; Millepertuis, 20 g ; Bourdaine, 30 g ; Prêle, 10 g.

Mettre une ou deux cuillerées à soupe (selon tolérance) dans une tasse d'eau bouillante. Laisser bouillir doucement pendant cinq minutes, puis infuser quinze. Prendre une tasse, un quart d'heure avant chacun des deux principaux repas, ou seulement avant le repas du soir (toujours selon tolérance ou effet produit).

CŒUR ET CIRCULATION

Aubépine, 5 g ; Vigne rouge, 25 g ; Muguet, 5 g ; Bourse-à-pasteur, 20 g ; Gui, 20 g ; Germandrée, 10 g ; Grateron, 15 g ; Epine-Vinette, 15 g ; Pissenlit, 15 g.

Trois cuillerées à soupe dans un demi-litre d'eau. Porter à ébullition pendant deux-trois minutes, puis laisser infuser un quart d'heure, (ou, mieux, laisser macérer toute la nuit). Prendre comme boisson, aux repas ou dans le courant de la journée.

CIRCULATION DU SANG

Noyer, 10 g ; Prêle, 10 g ; Vigne rouge, 60 g ; Bourdaine, 25 g ; Hysope, 10 g ; Réglisse, 15 g ; Chiendent, 15 g.

Deux ou trois cuillerées à soupe dans un demi-litre d'eau. Faire bouillir deux-trois minutes et infuser dix. Prendre aux repas ou dans la journée.

CIRCULATION ET MÉNOPAUSE

Armoise, 25 g ; Bourse-à-pasteur, 25 g ; Aunée, 25 g ; Romarin, 50 g ; Millefeuille, 25 g ; Gui, 25 g ; Menthe, 30 g ; Millepertuis, 25 g ; Verveine, 25 g.

Trois ou quatre cuillerées à soupe dans un demi-litre d'eau bouillante. Bouillir doucement deux minutes ; infuser quinze (ou, mieux, laisser macérer toute la nuit). Prendre comme boisson, pendant trois semaines par mois.

REINS - ARTÉRIOSCLÉROSE

Ulmaire, 50 g ; Bugrane, 25 g ; Fève des Marais, 15 g ; Aubépine, 15 g ; Busserole, 50 g ; queues de Cerises, 25 g ; Chiendent, 50 g ; Bruyère, 15 g.

Quatre à six cuillerées à soupe dans un litre d'eau ; bouillir doucement pendant un quart d'heure. Prendre à volonté, aux repas ou dans le courant de la journée.

VARICES - HÉMORROIDES

Hamamélis, 20 g ; Hysope, 20 g ; Gui, 20 g ; Aubépine, 10 g ; Matricaire, 10 g ; Vigne rouge, 20 g ; Bourse-à-pasteur, 20 g ; Millefeuille, 20 g.

Quatre cuillerées à soupe dans un demi-litre d'eau bouillante ; bouillir deux minutes et infuser quinze (ou, mieux, laisser macérer toute la nuit). Boire dans le courant de la journée, entre les repas.

CONSEILS D'ALIMENTATION

Si le report aux ouvrages consacrés aux questions alimentaires (« Vivre Sain » ou « Initiation à l'alimentation végétarienne moderne ») peut être conseillé pour une plus ample information, les schémas suivants suffiront à la mise en route de la méthode harmoniste.

Toute l'importance doit être donnée aux crudités et aux céréales complètes, les produits laitiers et les œufs étant utilisés en quantité modérée. Le miel le plus recommandé est celui dit de « toutes fleurs ».

MENUS TYPES

PETIT DÉJEUNER

Fruits frais ou secs, ou bouillie de blé moulu, ou potage épais, ou pain complet avec miel ou beurre. Infusion de thym ou de romarin.

MIDI

Fruits frais, crudités, céréales ou légumes cuits et salade crue, fromage ou yaourt, fruits secs ou pâtisserie de ménage.

SOIR

Fruits frais, crudités, potage (facultatif), légumes cuits (facultatif), miel ou fruits secs.

UN PLAN D'ALIMENTATION D'UNE JOURNÉE

MATIN

Soit: fruits frais ou secs ; ou pain complet et miel ou beurre, avec une infusion de thym ou de romarin ; ou potage de légumes ; ou simplement une tisane ; un verre d'eau nature ou argileuse ; une cuillerée d'huile d'olive avec du jus de citron.

MIDI

Fruits de saison (150 à 400 g).

Crudités (soit basconnaise (1), soit un légume cru assaisonné comme la basconnaise).

Céréales ou légumes cuits (2) avec salade crue.

Fromage (3) ou lait caillé, ou fruits secs, ou miel, ou pâtisserie de maison.

SOIR

Fruits de saison (150 g à 400 g).
Un plat de crudités.
Potage aux légumes (facultatif).
Céréales ou légumes cuits (facultatif).
Lait caillé ou miel.

Comme pain : pain complet à 85 % ou pain de seigle, les deux faits sur levain.

Comme boisson : eau citronnée, ou tisane (pour cœur, circulation, etc.).

---

(1) La basconnaise se compose de tous les légumes crus, râpés (carottes, navets, betteraves, radis noirs, salsifis, etc.), coupés en tranches (champignons, oignons, courges, tomates, radis, etc.) ou en lanières fines (chou rouge ou vert, épinards, etc.). Assaisonner tout ensemble ou les divers éléments séparés, avec de l'huile (d'olive de préférence), du sel marin, du jus de citron (facultatif), des olives noires, de l'ail pilé, des rondelles d'oignon, du persil ou du cerfeuil haché, quelques feuilles de romarin ou d'estragon, etc. Pour les mélanges, mettre toujours un légume en dominante pour obtenir des saveurs différentes à chaque fois.

(2) De préférence des légumes de saison cuits dans peu d'eau ou à la cocotte ou dans une marmite en terre (jamais de cocotte-express). Mettre un peu d'huile au fond de la cocotte ou l'ajouter au moment de servir. A défaut de légumes frais : pâtes complètes, pommes de terre, etc. Pour des idées, consulter « La Table et la Santé ».

(3) Ne prendre du fromage ou de l'œuf qu'à un seul repas. complètes ; les bouillies, galettes et gâteaux de blé complet ou de sarrasin ; le blé germé ; le sarrasin en grains (kasha) ; le pain de seigle ; la semoule de blé (couscous, etc.).

CE QUI EST RECOMMANDÉ

Tous les fruits de saison, doux ou acides.

Tous les fruits secs : amandes, noisettes, noix, cacahuètes, figues, dattes, raisins, bananes séchées, pruneaux, abricots, etc. ; les olives noires.

Toutes les céréales : blé complet, orge mondé, riz complet, seigle, millet, avoine, maïs : le pain complet, les pâtes

Tous les légumes, crus ou cuits ; les marrons et châtaignes ; les soupes, potages, bouillons de légumes ou aux céréales.

Toutes les salades vertes ; les aromates.

Toutes les huiles végétales (d'olive de préférence), obtenues par simple pression à froid.

Le miel.

CE QUI EST ACCEPTABLE

Les œufs frais (2 à 4 par semaine), provenant de poules nourries avec grain et verdure.

Le soja : les pois et haricots en grains frais ; les légumes secs (lentilles, haricots, etc.) de l'année (pas plus d'une fois par semaine pour chaque variété).

Les biscottes complètes ; les pâtisseries de ménage (biscuits, tartes, clafoutis, sablés, pain d'épices, etc.).

Le beurre frais cru (très modérément) ; le lait caillé ou incorporé ; le yaourt ; le fromage.

Le sel marin et le sucre de canne, non raffinés.

Les jus de fruits naturels ; l'eau citronnée.

CE QU'IL EST PRÉFÉRABLE D'ÉVITER

Toute viande, qu'elle soit de boucherie, de charcuterie ou de triperie ; également la volaille, le lapin, le poisson, les crustacés, etc.

Toute graisse animale (saindoux, margarine, etc.) ; le beurre cuit, surtout le « beurre noir » ; les huiles non garanties « de première pression, à froid, sans solvants chimiques, extra-vierges ».

Les bouillons de viande et tous potages concentrés, préparés à partir de viande ou de produits chimiques.

Toutes les conserves et aliments cuits dans les marmites autoclaves (cocottes-express, etc.).

Les produits congelés ou surgelés

Le pain blanc et toutes les préparations à base de farine blanche (pâtes, biscottes, etc.) ; la pâtisserie faite avec de la farine blanche, du sucre blanc, de la margarine ou du beurre cuit, des levures chimiques, parfois des colorants ou parfums chimiques, de l'alcool, etc. ; le riz glacé ou poli.

Le sucre industriel, les bonbons et sucreries ; le sel raffiné, le poivre.

Le lait liquide, cru ou bouilli, pur ou mélangé au café, au thé, au chocolat.

Toutes les boissons alcoolisées ou excitantes (liqueurs, apéritifs, vin, cidre, bière, etc.), le vinaigre, le café, le chocolat.

Les produits chimiques, le tabac et les autres stupéfiants.

Le surmenage, sous toutes ses formes.

Le défaut d'exercice.

L'insuffisance respiratoire.

ÉLÉMENTS DE « CHOIX SANTÉ »

QUELLE DURÉE POUR LA VIE ?

Sans doute peut-on retrouver à travers les époques successives que les hommes ont toujours cherché à prolonger la durée de leur existence terrestre. Or, qu'elles qu'aient été les conditions de vie des êtres humains au cours des temps, un fait demeure : rien n'a changé en ce qui concerne la longévité potentielle, atteindre 110 ans demeurant un exploit.

Ni les progrès sociaux, ni de plus confortables conditions de vie, ni les interventions de la médecine, n'ont pu faire progresser en rien la durée de la vie. Une notion se détache donc : il n'y a pas, il ne peut y avoir de conception rationnelle de la santé, donc de la vie.

Que sait-on en réalité de cette merveille d'élaboration qu'est un corps vivant ? L'expérimentation scientifique et les développements en découlant ne peuvent appréhender que certains aspects assez fugitifs, quelques lueurs s'échappant de la vie manifestée.

Pourquoi, par suite d'une exposition prolongée au froid, apparaissent des gercures, des crevasses, souvent à des endroits éloignés les uns des autres, mais identiques pour chaque côté du corps ?

Des plaques fibreuses, correspondant à des concrétions de déchets alimentaires toxiques, peuvent survenir chez des sujets relativement jeunes, et aller en s'amassant et s'épaississant. C'est un état de sclérose, dont certains semblent relativement s'accommoder. Chez des porcs, cela peut survenir lorsqu'ils sont soumis à un régime riche en cholestérol et en graisses saturées, alors que ça disparaît lorsqu'on les remet à un régime de légumes, fruits et céréales.

La révolution industrielle permettant de réduire les périodes de famine et même d'adopter plus aisément quelques principes d'hygiène, et aussi de mieux se vêtir et se chauffer, offre la possibilité de limiter la progression des maladies et, partant, des décès prématurés.

Les maladies chroniques, dégénératives ont pris la place laissée par les grandes épidémies. Sans doute la disparition de celles-ci est-elle à porter à l'actif de la recherche médicale, mais surtout de l'implantation d'une meilleure hygiène et de l'amélioration des conditions de vie. Ainsi, l'abondance alimentaire est, d'une part une sauvegarde, de l'autre une calamité, selon la façon dont elle est perçue et transposée dans le comportement.

S'il est un fait remarquable, c'est bien la fréquence accrue des morts accidentelles, comme s'il fallait remplacer une cause de décès par une autre.

Un scientifique américain, Roy Walford, s'est très sérieusement attaché à la recherche concernant la durée de la vie humaine, en ayant exposé les résultats dans un ouvrage traduit en français et paru chez R. Laffond, « La Vie la plus longue ». Dans certaines circonstances de raréfaction alimentaire, des espèces animales voient leur durée de vie prolongée (jusqu'à 50 %) s'il y a seulement sous-nutrition, et non pas malnutrition, c'est-à-dire s'il s'agit seulement de déficits caloriques — selon les normes scientifiques habituelles — mais que l'apport reste suffisant en éléments énergétiques et vitalisants (acides aminés essentiels, vitamines...).

Il serait ainsi clairement démontré qu'une alimentation considérée comme déficitaire selon des normes scientifiques, non seulement est capable de bien entretenir la vie et la santé, mais aussi de prolonger la première et de protéger la seconde.

Pourquoi les observateurs et récepteurs de ces notions n'ont-ils pas été enclins à l'application sur eux-mêmes de ces évidents principes ? Simplement parce que cela pourrait porter atteinte au « plaisir de vivre ». Notion absolument en contradiction avec ce qui se passe chez les réformateurs de l'alimentation appréciant ce qu'ils mangent.

Il ne serait pas nécessaire que cette « sous-nutrition » commence dès l'enfance, mais qu'elle soit engagée assez tôt tout de même. Dans les familles harmonistes, c'est donc un solide capital de longévité (et de santé) qui est accordé aux enfants ainsi élevés depuis le plus jeune âge.

On regrette évidemment que les observations ayant abouti à ces nouvelles conceptions scientifiques n'aient concerné que des rats captifs, alors que sur des groupes humains cela aurait été plus satisfaisant pour diverses raisons.

Certaines constatations ont tout de même été faites à propos de quelques communautés humaines (les Hounzas, par exemple), mais les enquêtes étaient trop fragmentaires. On ignorait le taux de mortalité infantile, comme celui, réel, de la longévité moyenne. D'autre part, lorsque l'on parvient à accéder plus facilement vers ces groupes humains, du fait des commodités de transport, la situation a le plus souvent assez changé pour que les conditions de vie ne soient plus ce que l'on croyait qu'elles étaient. Souvent, il est constaté que cette apparente « sagesse » était plus imposée par les difficiles conditions de vie que découlant de décisions délibérées.

VIVRE MIEUX ET PLUS LONGTEMPS

De nombreuses observations ont démontré qu'un poids excessif pouvait constituer un obstacle à la longévité. Mais, par contre, le même résultat négatif a été enregistré chez des sujets maigres dont l'alimentation était insuffisante pour ce qui est de la couverture des apports essentiels. La distinction est donc à faire entre les notions de qualité quant à la valeur nutritive.

La déjà ancienne théorie des calories, totalement déconsidérée chez ceux ayant poursuivi assez longtemps l'expérimentation végétarienne, pourrait tomber en désuétude chez les scientifiques assez conscients pour la remettre en cause, étant donné qu'un individu peut être dénutri malgré une « bonne ration de calories », tandis qu'un autre se trouvera en excellent état et pourra vivre plus longtemps avec ce qui sera considéré comme un déficit. Cette situation a d'ailleurs été constatée dans divers groupes humains, au grand étonnement des enquêteurs.

Il a d'autre part été observé qu'en état de réduction calorique, le cancer ou les maladies rénales ou cardiaques seraient bien moins fréquentes chez les sujets observés, tandis que la mortalité y est moindre.

Le système immunitaire est orienté vers la lutte contre les envahisseurs, la neutralisation des substances toxiques, la surveillance des cellules du corps et la destruction de celles devenues anormales ou malades (cancéreuses, notamment).

Il peut heureusement faire la différence entre un composant normal du corps auquel il appartient, et ce qui est en provenance de l'extérieur. Toute agression entraîne l'intervention spontanée d'anticorps et de lymphocytes destructeurs et neutralisants (non seulement, il faut éviter de détruire les cellules nocives, mais si cela se produit, il importe de surveiller que leurs « cadavres » ne deviennent dangereux à leur tour).

Combien alors est-il regrettable que certaines techniques médicales soient orientées vers des médications « bloquant » les réactions organiques, y compris cette si importante autodéfense.

Le vieillissement organique ne résulte pas seulement d'une usure passive et de difficultés accrues à réparer les dégâts, mais aussi d'une autodestruction d'autant plus active que les cellules étrangères, inutiles ou nocives, s'amassent.

La distinction est importante entre la malnutrition (ou sous-nutrition) et la restriction, ou plus exactement un comportement alimentaire orienté vers les aliments réellement nutritifs, vitalisants et énergétiques, à l'exclusion de tous les apports en vecteurs de déchets et autres envahisseurs devenant nocifs dans d'autres directions.

Le malentendu repose parfois sur certaines notions découlant de théories scientifiques erronées (d'ailleurs de plus en plus fréquemment remises en cause), alors que la réalité se trouve bien chez ceux ayant adopté une alimentation à la fois nutritive, réparatrice et protectrice, non nocive ni encombrante.

Cette situation équivoque s'étend aussi vers des conceptions d'éventuelles malnutritions. Il est exact que des sujets se nourrissant mal peuvent présenter des lésions organiques, parfois assez sévères pour atteindre les cellules nerveuses ; mais la distinction reste à faire entre la nourriture expurgée de tout ce qui est nocif ou encombrant, et celle étant carencée en éléments essentiels, compte tenu qu'une alimentation peut être, à la fois, surabondante et déficitaire.

Une expérience de quelque quarante années, s'étendant sur maintenant plusieurs milliers de personnes, jusqu'à deux, trois, et même quatre générations, peut être admise comme capable de démontrer que l'alimentation envisagée et préconisée dans la méthode harmoniste est convenable pour assurer les besoins plastiques, énergétiques et protecteurs de l'organisme humain. Il y a donc là une base sérieuse pour le discernement, de même que des raisons suffisantes pour éviter le fourvoiement en direction d'une nourriture à la fois encombrante et incomplète quant à la satisfaction des besoins réels.

La distinction est alors à faire entre nutrition sans excès et assouvissement des besoins réels. Prétendre à satisfaire ceux-ci en apportant des surcroîts réduit les possibilités d'assimilation, parfois jusqu'à l'engendrement de carences.

L'organisme est bien plus attentif à extraire, utiliser, ou mettre en réserve les quelques surcroîts, avec une alimentation expurgée, plutôt que s'il y a trop grande abondance, surtout si celle-ci se situe dans l'incohérence.

Il est notoire que des sujets surnourris se trouvent aux prises, parfois, avec des malaises résultant de « manques », de divers déficits dans les apports.

Nombre de théories se rapportant à l'alimentation reposent sur des expériences concernant des animaux placés dans des conditions anormales d'existence. Même avec une nourriture relativement correcte dans le cadre d'autres conditions imposées par la captivité, une déviation des fonctions et des réactions est toujours à envisager.

Du fait qu'avec certaines sortes d'aliments il a été possible d'obtenir des rats plus grands, ayant été l'objet d'une croissance accélérée, la transposition sur les humains, et en particulier les enfants, a été considérée comme réalisable. Pourtant, bien d'autres sortes d'expériences ont démontré que, de telles pratiques, résultaient la réduction du potentiel de longévité et une fragilité accrue devant la maladie.

Certains déplorent parfois que les horaires consacrés aux problèmes de l'alimentation soient si réduits dans les grandes Universités des pays dits développés, mais, étant donné les bases et la valeur de ce qui est ainsi enseigné, ce serait encore excessif.

Il semblerait que ceux qui enseignent manifestent, à la fois, une répulsion à l'encontre de ce dont ils ne sont pas assurés, de même devant ce qu'ils commencent à admettre, mais risquerait de les placer en position délicate en face de leur auditoire, du fait de leur comportement personnel ne tenant pas suffisamment compte de ce qu'ils devraient équitablement enseigner.

On peut être étonné devant des données énoncées selon lesquelles il faudrait un certain pourcentage de protéines, de graisses, de glucides, de calories... Mais dans quelles conditions d'accompagnement, de production, selon quelles associations et aussi, et surtout, de quelle qualité ?

L'inconvénient persistant dans certaines conceptions plus proches de la notion de besoins réels serait l'énonciation en termes de laboratoire. On évoque les protides, glucides, lipides, etc., sans distinction de la valeur essentielle de ce que cela représente dans chaque sorte d'aliment. Ainsi peut-on élaborer des théories, celles-ci apparemment justifiées, mais s'effritant à l'expérimentation prolongée.

Si les promoteurs de tant de régimes particuliers évoquent une possible augmentation de la longévité, cela ne semble pas toujours démontré par eux-mêmes, leur disparition survenant assez souvent prématurément par rapport à la durée moyenne de vie.

Une notion souvent absente de ces théories est celle du « vivant », l'aliment à l'état cru étant souvent négligé, confondu dans un ensemble seulement discerné par les éléments constitutifs. C'est donc plus la notion théorique que celle basée sur la réalité, le discernement et l'expérimentation courante qui prévaut.

Il est argumenté en partant de protides, lipides, glucides, calories..., sans mention des accompagnements en éléments « vivants ». S'il est question de vitamines ou d'oligo-éléments, c'est en confusion avec les produits isolés, venus en complément, et non considérés comme accompagnateurs essentiels.

Lorsque les théories font état du comportement humain, c'est le plus souvent avec l'exemple d'hommes vivant à l'état primitif, donc ne se nourrissant pas selon les données d'une expérience ancestrale, mais seulement en fonction de ce qui leur est possible de se procurer à chaque époque de l'existence.

Bien des méthodes ont été préconisées en vue de gagner quelques années de vie, et peut-être plus encore de permettre une prolongation de la jeunesse organique. Aucune ne s'est affirmée, leur seul réel avantage étant le plus souvent de permettre des rapports substantiels à leurs promoteurs.

Des êtres humains manifestent un certain sentiment de jalousie en constatant que les éponges ou les anémones de mer ne vieillissent pas. Mais le psychisme humain peut tout de même être autrement situé que celui des végétaux. De quel intérêt serait donc une existence prolongée dans une telle perspective ?

Par ailleurs, une vie qui durerait excessivement n'irait-elle pas à l'encontre de certaines lois de la destinée ? Lamentable pour ceux qui souhaitent vivre encore, la mort devient un simple incident de parcours après une vie active, alors que s'impose l'inéluctable besoin de repos.

Ceux qui semblent le plus attachés à une prolongation excessive de la durée de vie se situent surtout parmi les adeptes de philosophies où tout est édifié selon des vues de l'esprit, celui-ci étant influencé par des notions se voulant scientifiques, mais simplement arbitraires.

Selon toutes les recherches menées sur les êtres humains et confirmées par des observations sur les animaux, rien ne viendrait démontrer que les femmes ont un potentiel de vie plus élevé que celui des hommes. Et pourtant, en durée moyenne d'existence, ce sont elles qui se trouvent d'assez loin en tête.

C'est bien là une démonstration nette de l'importance du mode de vie, les femmes usant moins de boissons alcooliques et d'aliments carnés que les hommes, fumant encore moins aussi.

Dans certains groupes humains régis par des conceptions rigoristes (religieuses, le plus souvent), hommes et femmes disposent des mêmes espérances de vie.

DE LA CIRCULATION VEINEUSE AUX INCIDENTS ARTÉRIELS

Devant l'éventualité d'incidents considérés comme liés à des troubles circulatoires, la distinction est à faire entre ceux concernant le système veineux et d'autres résultant d'anomalies artérielles.

Si les premiers se reconnaissent plus facilement, du fait qu'ils se traduisent assez souvent par l'apparition de varices ou d'hémorroïdes, les seconds peuvent être associés à des incidents dont le rapport n'est pas toujours établi aussitôt qu'il le faudrait pour en limiter l'importance.

Les varices, tout le monde sait les reconnaître, tandis que ceux qui sont affligés d'hémorroïdes comprennent vite où se situe l'origine de leurs ennuis. Parfois, en dehors de ce genre d'incidents, d'autres peuvent survenir, déconcertants, au moins au début. Ainsi, quelques variétés de maux de tête n'ont quelquefois pour origine que la dilatation épisodique de certaines veines intra-crâniennes.

Si, assez souvent, les bruits d'oreilles découlent d'un blocage artériel relatif (parfois par obstruction d'artères), l'hypothèse ne peut jamais être exclue d'un trouble d'origine nerveuse.

Bien qu'avec les moyens naturels mis en œuvre, une amélioration survient toujours en diverses directions, par contre certaines mesures particulières pourront être envisagées selon ce qui est soupçonné de déficient, de la veine ou de l'artère.

Le citron, l'ail, sont utiles « tous azimuts » et peuvent intervenir en usage un peu plus important qu'à l'habitude, en toutes circonstances, de même que ce qui peut ainsi « décaper » les parois internes (artères ou veines).

La distinction à faire entre les remèdes concernerait plus les moyens mis en œuvre à l'extérieur que ce qui est absorbé. Ainsi peut-on noter une action dilatatrice de l'argile, en applications externes, parfois déconcertante pour ceux qui la font intervenir en cas de varices. Si l'effet bénéfique est néanmoins certain, du fait de l'amélioration ainsi apportée à la circulation et aux tissus des canaux, il n'en reste pas moins que l'on peut adapter les soins en fonction des réactions observées. C'est alors qu'il peut être utile de faire intervenir le chou, dont l'application, alternée avec celle d'argile, tempérera ce que celle-ci peut avoir d'excessif, au moins dans une direction.

Lorsque l'on applique de l'argile sur des veines (notamment à l'occasion de varices ou d'ulcères), cela peut en accentuer le gonflement. Et pourtant, il en résulte une action tonifiante et un renforcement des parois. Alors est-il opportun de faire intervenir également le chou, alternativement avec l'argile. Sur celle-ci, le chou possède un avantage pratique, celui de pouvoir être laissé en place durant les occupations, même en position debout.

La solution, trop souvent proposée, de scléroser la veine, c'est-à-dire la rendre impropre à sa fonction, ou, plus inquiétant encore, l'extirper chirurgicalement, donc de rendre définitive une déficience, ne peut guère être acceptée, à moins que la veine soit déjà dans un tel état que sa seule présence constitue un danger.

Normalement extensibles, les veines contiennent 65 à 75 % du sang d'un organisme. Leur dilatation excessive et, plus encore, leur obstruction, ont une répercussion défavorable sur la fonction cardiaque. Il ne s'agit donc pas d'un seul aspect esthétique, mais bien d'un problème englobant l'ensemble du système cardio-vasculaire.

Dans le même domaine, la recherche épidémiologique vient contredire l'essentiel de ce qui découlait des expériences de laboratoire. Alors que, jusqu'alors, parmi les conditions défavorables à la circulation veineuse, on évoquait surtout la station debout, certaines modes vestimentaires, des façons de s'asseoir, maintenant on retrouve des incidences bien plus défavorables dans d'autres directions, notamment le fonctionnement intestinal déficient et l'alimentation inopportune.

On s'est enfin aperçu que lorsque cette dernière contient trop de graisses (animales, surtout) et insuffisamment de certaines vitamines ou de corps minéraux divers apportés par une alimentation variée et « vivante », le système veineux est perturbé, parfois gravement.

L'observation de certains groupes de population (recherche épidémiologique) a permis de mieux discerner quels modes alimentaires étaient plus ou moins favorables à la circulation sanguine, en général, et veineuse, en particulier.

Toutes les observations concordent sur l'intérêt à porter sur les « fibres » (enveloppes des végétaux, céréales et légumineuses, surtout). Observation après observation, des lignes générales se détachent, mais dont la transposition sur le plan pratique est malheureusement laborieuse, non seulement du fait des mauvaises habitudes acquises, mais aussi de la lenteur d'évolution des conceptions médicales.

Si la plupart des études épidémiologiques sont d'origine anglaise ou américaine, de plus en plus de publications françaises en font état. Dans le n° 2082 de « Panorama du médecin », on a pu prendre connaissance du passage d'une étude menée en Inde et comparant deux groupes identiques de balayeurs des chemins de fer du nord et du sud de ce pays.

« La *prévalence* totale des varices est nettement supérieure chez les balayeurs du sud de l'Inde (25,08 p. 100) par rapport à ceux du nord de l'Inde (6,8 p. 100).

» Les résultats de cette étude très approfondie suggèrent que la thrombose veineuse et, notamment, l'absence de lyse spontanée du caillot sont des facteurs étiologiques importants des varices. Parmi les facteurs alimentaires favorisant la coagulation, citons les acides gras à longue chaîne.

» Il se trouve précisément que les régimes alimentaires des balayeurs du sud de l'Inde sont riches en acides gras à longue chaîne provenant entièrement d'huile de graines, alors que les régimes alimentaires des balayeurs du nord de l'Inde sont riches en acides gras à chaîne courte provenant du lait et des produits laitiers fermentés ».

Toutes ces notions sont évidemment communes à ceux qui vivent selon les conceptions ici conseillées, mais il n'est pas inutile de les rappeler, et surtout de constater combien le passage des notions nouvelles dans le domaine des habitudes est laborieux.

Bien que toutes les plantes pouvant intervenir dans la plupart des troubles circulatoires aient leur utilité, il en est dont l'action est plus précise et mieux délimitée. Quand la circulation veineuse est déficiente, on peut remonter à une influence glandulaire, ce qui justifie le recours à la sauge ou à l'alchimille, de même que l'on envisagera toujours une action orientée vers le foie.

Un des végétaux les plus favorables à la circulation veineuse est le marron d'Inde, mais comme c'est assez peu agréable comme saveur et que la digestion de la décoction peut être un peu laborieuse, il y a souvent intérêt à le mélanger avec d'autres plantes, elles aussi stimulantes de cette circulation, comme l'hamamélis, le souci, le genêt, la bourse-à-pasteur, le gui, la matricaire, l'hysope, le noisetier et l'aspérule odorante, ou encore le cône de cyprès, tonique de la paroi veineuse. Il est donc judicieux d'en adjoindre deux ou trois d'entre elles, en ajoutant éventuellement le mélilot en cas de stase sanguine (taches brunes le long des trajets veineux).

La distance est assez courte entre les modalités de la circulation veineuse (à part les questions de paroi) et les conditions générales de la circulation artérielle. Avec l'intervention des moyens naturels l'action peut être menée tous azimuts, sans que jamais un agent favorable pour l'un ne soit gênant pour l'autre. Agissant dans un sens ou dans l'autre, il en résulte toujours des résultats favorables, ce qui minimise l'importance de tant d'examens à la fois pénibles, astreignants et... coûteux.

Si la déficience du système veineux est surtout d'origine arthritique, celle de l'ensemble artériel serait surtout le fait d'un terrain favorable à l'artériosclérose, laquelle est caractérisée, notamment, par l'atrophie ou la dégénérescence du tissu des artères, auquel se substitue un tissu scléreux, voire calcifié. C'est d'ailleurs un phénomène normal lorsqu'il survient à un certain âge, mais non chez des sujets encore jeunes. Il est malheureusement de plus en plus de ces derniers déjà touchés par la sclérose prématurée de leur tissu artériel, avec tout ce que cela entraîne comme graves inconvénients (ralentissement de la circulation sanguine, risque d'obstruction ou de rupture de vaisseaux, etc.).

L'athérosclérose (dégénérescence des artères par suite de malnutrition ; d'alimentation mal conçue, avec graisses animales, alcool, excès protéiques ; insuffisance d'éléments « vivants », de fibres végétales, etc.) conduit inévitablement vers l'artériosclérose.

Le durcissement et l'épaississement de la paroi des artères en réduit évidemment le diamètre, cela s'accompagnant généralement de formation de plaques de sclérose dont le tissu est alors fragilisé à l'extrême. De cet état peut résulter la formation de caillots (thrombus) risquant d'obstruer l'artère (thrombose).

Tout contribue à la diminution du calibre des artères, à la perte de leur souplesse, au risque d'obstruction ou de rupture, aux répercussions catastrophiques lorsque cela survient dans le crâne, notamment. Pour le moins, à un ralentissement de la circulation, préjudiciable à la nutrition des tissus organiques. C'est donc le prélude à un vieillissement précoce et généralisé.

Avec l'athérome, on remarque plus particulièrement des lésions de la tunique interne (intima) de certaines artères, avec possibilité d'oblitération d'artères de moyen calibre, tandis que l'artériosclérose se distingue par la dégénérescence du revêtement interne da la paroi artériolaire (branche terminale d'une artère la reliant aux capillaires).

C'est la sclérose des artères (cérébrales, coronariennes, etc.) qui constitue l'artériosclérose, laquelle peut être sénile par suite du processus dégénératif lié au vieillissement, ou prématurée, touchant des sujets pourtant jeunes encore.

On reconnaît cette « glissade » vers la maladie scléreuse par une tendance à se refroidir plus souvent, à de légers malaises répétés (étourdissements, perte d'équilibre...), à la surdité progressive ou à des bruits d'oreille (bourdonnements, sifflements...), à des troubles de la vue, à l'élévation de la tension artérielle. Parfois surviennent des ennuis particulièrement désagréables, comme la sensation de battements dans les artères.

Sans intervention efficace dès que surviennent les incidents précités, on peut s'acheminer vers d'autres, bien plus graves et inquiétants, tels que : ramollissement cérébral (terme ambigu puisqu'il s'agit en réalité d'un durcissement), angine de poitrine (la « vraie », pas celle résultant de l'aérophagie et qui n'en est que le simulacre), asystolie (insuffisance cardio-vasculaire), urémie, gangrène par artérite, hypertension importante.

LES TROUBLES DE LA TENSION ARTÉRIELLE

Parfois, c'est à l'occasion d'un examen de routine que se remarque une tension considérée comme trop basse, mais le plus souvent trop élevée. Cela ne doit justifier aucune inquiétude excessive, bien des causes fortuites pouvant avoir une conséquence dans un sens ou dans l'autre, cela restant à déterminer.

Les chiffres de base (on le verra plus loin) sont un peu arbitraires, une moyenne étant établie selon ce qui est relevé sur le plus grand nombre de sujets observés ; mais, comme cela se passe dans d'autres branches de la médecine, les normes de référence sont souvent établies d'après les examens de ceux qui consultent, donc le plus souvent des malades.

Toutefois, la généralisation — tout au moins chez les salariés — des examens systématiques a permis d'établir des normes auxquelles on peut se référer, en tenant compte, toutefois, que deux sujets ne sont jamais absolument identiques et, qu'en matière de tension (pression artérielle), des fluctuations peuvent être constatées dans les chiffres.

Pour ceux qui éprouvent quelques inquiétudes à ce sujet, il n'est que de faire contrôler la tension plusieurs fois, à un ou deux mois d'intervalle, lorsque tout semble bien aller par ailleurs. Ainsi aura-t-on une idée de ce qui peut être considéré comme normal.

Bien souvent, des sujets émotifs voient leur tension monter rien que d'entrer dans le cabinet médical (surtout lorsque ce n'est guère dans les habitudes). Ainsi peut-on avoir parfois intérêt à disposer d'un appareil permettant de mesurer la tension. Dans les rayons d'hygiène de certaines pharmacies et de grands magasins, cela peut s'acquérir et est à la portée de tous pour le maniement.

En principe « la pression oscille, au cours de la révolution cardiaque, entre une valeur maximale (Mx) correspondant à l'arrivée de l'onde systolique et une valeur minimale (Mn) correspondant à la diastole ».

Comme normes dc base, on admet 13 pour la maximale, et 8 pour la minimale, soit environ, pour cette dernière, 1 de plus que la moitié de la maximale, si bien que le « bon » chiffre serait 14-8. Assez souvent, on s'inquiète de la montée du chiffre maximal, dans l'ignorance du minimal, alors que c'est peut-être celui-ci le plus significatif.

La tension pouvant varier selon l'âge, des médecins font le calcul avec la base de 10 (pour la maximale) en ajoutant le nombre de dizaines d'années de l'intéressé. Pour un sujet de trente ans cela donnerait donc bien la moyenne admise de 13 soit 10 + 3 et, ensuite, 10 + 4 pour quarante ans, 10 + 5 pour cinquante ans, 10 + 6 pour soixante ans, 10 + 7 pour soixante-dix ans, etc. Avec, toujours, la moitié + 1 pour la minimale, ce qui donne donc 14-8 à quarante ans, 15 - 8,5 à cinquante ans, 16-9 à soixante ans, 17 - 9,5 à soixante-dix ans, etc., encore que l'écart entre maximale et minimale puisse se rétrécir parfois chez certains sujets dont la circulation de retour est un peu déficiente.

L'écart entre maximale et minimale se réduit parfois aussi au cours d'une hypotension, c'est-à-dire lorsque la maximale descend au-dessous de 10.

Une remarque à ne pas manquer, c'est que l'attention à porter aux chiffres ne peut être que relative, certains sujets pouvant aussi bien s'accommoder d'une tension considérée comme trop basse que d'une admise comme trop élevée, l'observation devant plus être orientée vers le comportement et la sensation qu'en la seule direction des chiffres relevés.

HYPOTENSION. — C'est un incident assez peu courant, ne survenant guère qu'à la suite d'une importante perte de sang, d'une opération chirurgicale, ou lors de l'insuffisance cardiaque ou d'une insuffisance rénale aiguë.

En médecine, on distingue les hypotensions transitoires subaiguës (légèrement aiguës), les hypotensions chroniques (lors d'affections cardiaques, d'insuffisance rénale, de tuberculose, de cancer...) et l'hypotension essentielle ou idiopathique s'accompagnant d'hypofonctionnement de tous les organes.

Tous ces incidents relèvent donc du traitement de l'état principal, dont l'hypotension n'est qu'une manifestation.

Il en va autrement avec l'hypotension orthostatique, c'est-à-dire survenant, comme certaines albuminuries, uniquement lors d'une station debout prolongée. Il s'agirait là d'une « maladie neurologique avec insuffisance du système nerveux autonome ». Si l'on dispose d'un appareil de mesure de la tension, il n'est que de prendre celle-ci après quelques minutes de station debout pour être assuré de l'origine de l'anomalie, s'il en est une.

En effet, la position verticale peut provoquer une augmentation de la masse sanguine au niveau des veines des membres inférieurs, entraînant une réduction de l'apport veineux au cœur droit. L'incident peut se traduire par une diminution du débit cardiaque, avec chute de la pression artérielle.

Cette situation n'est pas tellement inquiétante, la cause pouvant être simplement la vaso-dilatation de certains vaisseaux, ce qui peut se contrôler en comprimant les membres inférieurs avec des bandes élastiques (mais seulement en cas d'importantes varices). Les troubles doivent alors aller en s'atténuant.

Parfois, des malaises apparaissent lors du passage de la position allongée à la position debout immobile. C'est ainsi que peuvent survenir vertiges, éblouissements, mouches volantes, bourdonnements d'oreilles, sensation de tête vide, de jambes molles ; parfois, des palpitations, des maux de tête, de l'asthénie.

Il peut être plus facile de faire monter que descendre la tension, puisque certaines choses doivent être évitées par ceux qui ont tendance à l'hypertension.

Ainsi, aura-t-on intérêt à prendre l'argile (une cuillerée à café dans un demi-verre d'eau, le matin à jeûn, ou avant un repas, ou le soir, au coucher) à raison d'une ou même deux cuillerées à café chaque jour, durant trois semaines par mois ; une semaine sur deux, ensuite.

En usage prolongé, la sauge contribue bien à la remontée de la tension, au moins lorsque celle-ci n'a pas pour origine ce qui est mentionné dans les deux premiers paragraphes.

Quand on en prend beaucoup, d'une façon continue, la réglisse est aussi un peu hypertensive, de même que le chardon-Marie ou l'adonis vernalis.

HYPERTENSION. — A moins d'une atteinte rénale importante, l'hypertension a pour origine une excitation (de quelle origine ?) du système nerveux sympathique. Alors augmente la pression dans les vaisseaux sanguins, surtout les artères de la grande circulation. En général, il y a déséquilibre entre le débit cardiaque et le retour veineux, avec résistances périphériques.

Cette situation découle souvent d'un durcissement des artères, ce qui augmente l'effort du cœur pour assurer l'irrigation.

Parfois aussi, avec l'hypertension, il s'agit tout simplement d'une prédisposition d'origine héréditaire, l'organisme pouvant alors s'en accommoder assez bien.

Si l'hypertension est à la fois persistante et importante, cela peut indiquer une atteinte rénale (le rein jouant un rôle central dans le maintien de l'hypertension artérielle). Si l'intervention de diurétiques fait baisser la tension, cela peut indiquer que son excès est bien d'origine rénale.

Heureusement, il peut ne s'agir que d'imprudences alimentaires, notamment en ce qui concerne l'usage du sel. Ainsi a-t-il été constaté que les Japonais du nord-est et du Honshu, qui consomment en moyenne 25 g de sel chaque jour, ont l'incidence d'HTA la plus importante du monde.

Bien des corrélations ont été faites entre certaines pratiques alimentaires et la montée de tension. Ont ainsi été incriminés le café, l'alcool, les graisses animales, tous éléments jouant un rôle déterminant.

Le potassium abaisse la tension sanguine et protège l'organisme contre une surcharge en sodium, mais l'excès de sel contribue à une élimination excessive du potassium.

Ceux qui ont tendance à l'hypertension devraient donc limiter leur consommation de sel à 3 ou 4 g, (en totalité) par jour (les autres, à 4 ou 5 g de même qu'ils auraient intérêt, ne serait-ce qu'un jour ou une semaine sur deux, à remplacer le pain de blé par celui de seigle (quand on peut faire son pain soi-même, il est bien de mettre deux parties de blé pour une de seigle).

Revenant au potassium, il est à noter qu'on le trouve surtout dans les jus (et aussi le fruit entier) de prune, abricot, orange, ananas, pamplemousse, de même que dans les dattes et le raisin. Egalement dans la pomme de terre cuite au four, le jus de tomate et, en quantité décroissante, dans la pomme de terre cuite à l'eau, l'épinard, le chou brocoli, la carotte.

Un déficit en potassium pouvant résulter d'un autre en magnésium, on donnera une grande importance aux aliments l'apportant sous une forme assimilable, non agressive, soit : datte, épinard, carotte, orange, abricot, pomme de terre, tous particulièrement intéressants puisque contenant à la fois potassium et magnésium ; puis, encore pour ce dernier, betterave, avoine, blé, œuf, amande, noix, noisette, maïs, orge, châtaigne, haricot vert, riz, cerise, poire, pêche.

Une importante remarque, c'est que jamais un remède naturel contre l'élévation anormale de la tension ne fera baisser celle-ci lorsqu'elle aura retrouvé son niveau normal, de même que des hypotendus peuvent utiliser sans dommage des aliments naturels réputés pour faire baisser la tension excessive.

Celle-ci peut se manifester assez souvent par des mouches volantes, des filets lumineux, des palpitations, un essoufflement inhabituel, de l'oppression, voire une angoisse, des bourdonnements d'oreilles, des crampes, des mictions plus abondantes la nuit...

Indépendamment des plantes mentionnées dans la rubrique des moyens curatifs, d'autres moyens très efficaces peuvent être envisagés pour obtenir la réduction de la pression artérielle.

L'ail est pour cela incomparable d'activité. Il suffit assez souvent d'une cure d'un mois d'eau aillée pour obtenir un retour à la normalité. Voici comment procéder : le soir, mettre trois ou quatre gousses d'ail dans un demi-verre d'eau tiède, et laisser ainsi toute la nuit. Le lendemain matin, boire cette eau (passée ou non). Faire cela un mois de suite, quitte à recommencer après un mois de pause. Même ceux qui consomment couramment de l'ail auront intérêt à faire cette cure, et même, tout comme des néophytes, commencer par une demi-gousse, pour arriver progressivement aux trois ou quatre gousses.

A l'époque où le citron est bien juteux, une bonne cure peut être efficace. Deux méthodes peuvent être envisagées, dans chacune le citron étant utilisé indifféremment avec ou sans eau, mais jamais d'édulcorant, comme tout sera précisé dans l'article faisant « Le point sur le citron ».

Après l'une ou l'autre de ces cures, on peut continuer un usage courant, des mois durant, de deux à cinq citrons par jour.

Ne pas manquer d'ajouter le plus possible de plantes aromatiques (persil, ail notamment) aux mets les supportant bien (crudités, surtout, mais aussi des plats cuits).

Le riz semble posséder la propriété de faire baisser la tension, alors que le pain complet, pris en trop grande abondance, la ferait plutôt monter. Si c'est le cas, alterner pain complet de blé, et pain de seigle.

Chaque fois que c'est possible, commencer le repas par une poire avec les autres fruits, et aussi des baies de cassis, ce qui peut également contribuer à régulariser une tension excessive.

Le bain de pieds à la vigne rouge, le casque de chou, le cataplasme d'argile à la nuque, et même parfois sur le cœur, contribuent, à la fois, à éviter un accident dû à la tension et à la faire baisser.

Des anomalies rénales pouvant être à l'origine de l'incident, il convient donc de faire des applications d'argile, soit sur le rein atteint, soit alternativement sur chaque, si les deux sont déficients. On se souviendra alors de ne pas confondre la région lombaire avec les reins, ceux-ci étant situés assez haut, juste à la limite des côtes.

Dans tous les cas, le bain de siège froid, quotidien, est un élément utile du traitement naturel, notamment en stimulant l'élimination urinaire, ce qui fait déjà baisser une tension trop élevée.

QUELQUES PLANTES POUVANT FAIRE BAISSER LA TENSION LORSQU'ELLE EST TROP ÉLEVÉE, TONIFIER LE CŒUR ET AMÉLIORER LA CIRCULATION

L'AUBÉPINE. — Sa propriété capitale est de tonifier le cœur et d'exercer en même temps sur les vaisseaux une action régulatrice par l'équilibre qu'elle établit entre la pression sanguine et la force de l'impulsion cardiaque : elle rend plus efficace, plus durable, le relèvement du cœur par la diminution de l'éréthisme vasculaire, elle favorise ou, tout au moins, soutient l'élan de l'organe central de la circulation. De cet ensemble de propriétés physiologiques découle son action sédative : régularisant les mouvements du cœur et assurant une plus juste répartition du sang, elle diminue l'excitabilité du système nerveux, d'où son indication chez les femmes dont les nerfs sont impressionnés par les troubles congestifs de la ménopause : les palpitations, les bouffées de chaleur, l'insomnie, l'irritabilité si fréquentes à cette période de la vie féminine, trouvent très souvent dans l'aubépine un agent thérapeutique d'une réelle efficacité. Il en est de même pour les artérioscléreux que leur éréthisme cardiaque expose à une émotivité excessive, pour les dyspeptiques chez lesquels le mauvais état des voies digestives entraîne de la névrose du cœur. A côté de ce mode d'action d'essence cardio-vasculaire, l'aubépine paraît posséder des vertus antispasmodiques qui peuvent se manifester indépendamment des modifications subies par l'appareil circulatoire ; c'est ainsi que nous l'avons vu agir d'une façon très appréciable chez des malades sujets à des troubles (angoisse, insomnies, vertiges, bourdonnements d'oreille) dont ni le cœur, ni les vaisseaux ne pouvaient être incriminés.

Son action sédative sur le système nerveux et surtout sur le système sympathique du cœur est des plus remarquables et permet d'obtenir des améliorations considérables dans les névroses du pneumogastrique et dans les plexalgies cardiaques. Cette propriété équilibrante n'est pas limitée au système nerveux du cœur : elle s'exerce aussi sur les nerfs des vaisseaux et détermine une action vaso-dilatatrice indiscutable dans les spasmes vasculaires dus à l'action vaso-constrictive nerveuse. De là résulte l'indication de l'aubépine pour combattre l'hypertension artérielle des neuro-arthritiques.

LE GUI. — S'il agit comme hypotenseur ce serait, selon certains auteurs, en raison de l'action centrale qu'il exerce sur le système vaso-moteur, selon d'autres à cause d'une influence directe très intense du médicament sur les artérioles et sur les capillaires.

L'OLIVIER. — L'infusion des feuilles favorise la circulation et la sécrétion rénale tout en excitant légèrement la périphérie du para-sympathique de certains organes.

C'est surtout chez les hypertendus que l'effet est manifeste. Lors d'une hypertension secondaire à une glomérulo-néphrite, 20 à 25 jours de traitement déterminent une hypotension notable ; mais dans l'hypertension essentielle, les résultats sont meilleurs car la baisse de la minima est plus forte, celle de la maxima restant comparable. Dans l'artériosclérose, les effets sont également nets et constants, mais la baisse de la pression est un peu moindre. La répétition des traitements à plus ou moins long intervalle n'épuise pas l'action du remède : l'infusion est toujours bien supportée, à part quelques selles diarrhéiques de peu de durée. L'action dépressive sur le myocarde est nulle : le pouls se ralentit légèrement mais on ne constate pas d'arythmie. Des crises d'angine de poitrine ont disparu par suite de l'amélioration de l'hypertension ou de celle de la circulation coronarienne. La diurèse est augmentée, l'azotémie a d'autant plus de tendance à baisser que le taux initial est plus élevé.

A ces plantes ainsi conseillées, on peut ajouter la bourse-à-pasteur, le cassis, et aussi, lorsque les vaisseaux crâniens sont affectés, la pervenche en mélange avec le mélilot.

Aubépine. — Une pleine cuillerée à soupe de fleurs, ou de mélange fleurs-feuilles, dans une tasse à thé d'eau bouillante ; laisser infuser. Prendre deux ou trois tasses par jour, entre les repas.

Bourse-à-pasteur. — Mêmes doses de la plante coupée, et mêmes préparation et utilisation.

Cassis. — Procéder de même avec les feuilles.

Gui. — Ce sont les fleurs que l'on utilise aux mêmes doses et de façon identique.

Olivier. — On recourt aux feuilles, à la dose d'une forte poignée pour un litre d'eau ; amener à ébullition et laisser refroidir ; boire à volonté cette quantité en un ou deux jours.

Pervenche et Mélilot. — Une cuillerée à dessert de chaque dans une grande tasse d'eau ; porter à ébullition ; laisser infuser. Prendre deux ou trois tasses par jour, en dehors des repas.

Si le recours à ces plantes isolées semble insuffisant, ou lorsqu'il y a intérêt à ne pas créer d'accoutumance, on peut alors recourir au mélange suivant : (hypertension I, de la « M.H. ») : sauge (fleurs), saponaire (feuilles), genêt (fleurs), 20 g de chaque ; busserole (feuilles), prêle (plante), réglisse (racine), 30 g de chaque ; olivier (feuilles), aubépine (fleurs), gui (feuilles), 40 g de chaque. Mettre quatre bonnes cuillerées à soupe de ce mélange dans trois quarts de litre d'eau ; porter à ébullition ; laisser bouillir un peu, puis infuser jusqu'au refroidissement ; passer. Boire à volonté dans la journée.

QUEL TAUX POUR LA PROTHROMBINE ?

Quiconque a connu le risque d'un accident vasculaire se voit soumis à un contrôle médical périodique, lequel inclut certaines analyses et recherches, dont celle du taux de prothrombine présente dans le sérum.

Des questions étant parfois posées et des inquiétudes se manifestant à ce sujet, quelques précisions, notamment en ce qui concerne l'orientation harmoniste en ce domaine, ne semblent pas superflues ; ceci nécessitant, toutefois, un examen succinct de quelques notions de physiologie.

De plus en plus spécialisée, orientée vers l'observation des phénomènes distincts et des réactions isolées, la médecine moderne détache toujours plus l'être global de son environnement, de son appartenance au milieu, cosmos compris.

Les connaissances d'un jeune médecin actuel sont incroyablement complexes, toutes orientées vers une étude sans fin des phénomènes chimiques ou bio-physiques isolés. D'où, l'importance extrême attachée aux examens de laboratoires (radios, analyses, etc.), avec toutes les divergences d'interprétation pouvant en résulter.

Alors se doit-on de considérer le résultat de bien des analyses sous un autre éclairage, selon d'autres perspectives.

En ce qui concerne particulièrement la prothrombine, on ne peut manquer d'admettre, en tout premier lieu, son incontestable utilité, ainsi qu'il ressort des observations qui suivent.

Durant toute la vie, le sang reste fluide à l'intérieur des vaisseaux, cette pétition de principe pouvant être battue en brèche lors de divers incidents affectant le sérum lui-même ou la surface interne des vaisseaux.

Ainsi, le sang peut se coaguler — dans les vaisseaux même — lors du contact avec une substance non incorporée à l'organisme (par exemple, la matière plastique de certaines prothèses) ou simplement des gaz atmosphériques (lors d'hémorragies).

Cette coagulation en milieu interne peut survenir aussi en cas de rencontre avec des tissus lésés (à la surface interne des vaisseaux).

Sortant des vaisseaux, le sang doit normalement se coaguler (et ceci est même vital) sous l'action d'un ferment, la thrombine, n'existant pas sous forme définitive dans le sang circulant, mais sous celle de prothrombine.

La transformation de la prothrombine en thrombine n'intervient qu'après l'intervention d'ions calcium libre et scission protéolytique de la prothrombine libre par un complexe enzymatique, la prothrombinase ou céphaline, résultant de la désagrégation des plaquettes ou du tissu cellulaire.

Plus rapide est la formation de la thrombine et plus vite s'engage le processus de la coagulation, cette formation se produisant dans les secondes suivant l'effraction vasculaire.

La synthèse de la prothrombine est élaborée par la cellule hépatique sous l'action catalytique de la vitamine K (que l'on trouve dans les feuilles vertes, la tomate, les huiles végétales...). Ceci pour la vitamine K1, la K2 étant élaborée par une flore intestinale correcte. Pour les deux, la présence des sels biliaires est indispensable à leur absorption. La carence alimentaire de vitamine K peut provoquer une diathèse hémorragique par hypoprothrombinémie. Il n'est donc que de faire intervenir une antivitamine K (par exemple, le dicoumarol) pour réduire la quantité de prothrombine du sang.

Par ailleurs, alors que le foie assure la synthèse de la prothrombine, précurseur de la thrombine, élément de la coagulation sanguine, il sécrète également un élément apparemment antagoniste, l'héparine qui est une antithrombine. La contradiction (le foie élaborant — entre autres — deux substances antagonistes : la prothrombine, qui est utilisée pour la circulation du sang, et l'héparine qui s'y oppose) n'est qu'apparente. En réalité, il s'agit de phénomènes équilibrants, intervenant selon les modalités de chaque situation actualisée.

En plus de la prothrombine, d'autres facteurs plasmatiques interviennent dans le processus de la coagulation du sang : fibrinogène, proaccélérine, proconvertine, facteurs antihémophiliques A et B, facteur Stuart, PTA (Plasma Thromboplastin Antecedent), facteur Hageman, facteur stabilisant de la fibrine. Il faut ajouter aussi la prékallicréine (facteur Flatcher), le kininogène plasmatique (facteur Fitzgerald ou Flangeac), le facteur Willebrand... sans compter ce qui sera découvert par la suite, complexant encore le problème et l'éloignant de la vue synthétique qui, seule, permet de trouver ou retrouver les conditions normales de la santé.

Ce qui ressort surtout de ces quelques données, c'est que tout est prévu, dans l'organisme, pour réagir devant des situations de tous ordres, et qu'il faut être bien audacieux... et imprudent pour intervenir dans des mécanismes aussi complexes.

Ainsi, ne peut-on manquer de constater que le taux normal de prothrombine est de 100 %, et que toute intervention pour le faire baisser par des artifices ne peut conduire qu'à une usure prématurée de l'organisme, celui-ci accélérant la formation de prothrombine à mesure que l'agent antagoniste introduit (frauduleusement) dans l'organisme la détruit.

Si surviennent des manifestations de coagulation intempestives, anormales, du sang dans ses vaisseaux, c'est bien qu'il existe une cause ! Et c'est donc à celle-ci qu'il convient de s'attacher, et non à l'atténuation de ses effets.

On ne compte plus le nombre de ceux qui, ayant autrefois « fait » un accident circulatoire, ont pu abandonner tous ces remèdes épuisant l'organisme, simplement grâce à la réforme alimentaire, à l'abandon de pratiques malfaisantes (tabagisme, etc.) et à l'intervention de remèdes végétaux qui, tel le citron, favorisent la fluidification du sang, sans pour autant mettre entrave à sa coagulation lorsqu'il sort accidentellement d'un vaisseau.

Intervenir artificiellement dans le phénomène de la coagulation du sang peut avoir des conséquences catastrophiques. Parfois, survient un léger malaise, un étourdissement de quelques secondes, consécutivement à une micro-hémorragie, la paroi d'un capillaire venant de céder ; aussitôt, un caillot obstrue la fuite, la circulation se rétablit et le malaise prend fin...

Sauf si l'organisme est influencé par un traitement médicamenteux visant à mettre entrave à la coagulation ! Alors, dans ce cas, le sang continue de s'écouler dans la région où est survenu l'incident, et cela peut être catastrophique, notamment si l'incident survient dans le voisinage du cerveau.

Quand le risque de thrombose est encore présent, la réforme des conditions de vie n'ayant pas encore fait disparaître toutes les graves anomalies, il est possible de réduire progressivement l'usage des anticoagulants en les remplaçant par d'autres, plus naturels et moins dangereux.

On sait que le mélilot, l'aspérule odorante et la mélitte des bois (également la fève tonka) contiennent de la coumarine, élément fluidifiant du sang. La reine-des-prés s'est aussi révélée comme un assez actif anticoagulant du sang, ces propriétés ne s'affirmant qu'à l'intérieur des vaisseaux, sans risque d'affecter le phénomène normal de coagulation à l'extérieur.

Pourquoi alors, parallèlement à des cures, périodiquement renouvelées, de citron, ne pas faire intervenir les plantes précitées, surtout le mélilot dont il existe un extrait en pharmacie, l'« Esberiven », auquel peuvent recourir pour une période transitoire ceux qui sont encore soumis à l'astreinte des anticoagulants, cette période transitoire ne devant pas être une aventure dangereuse.

Et si l'on devait en terminer par une réflexion, ce serait pour constater combien il est lamentable que soit considérée comme anormale une situation où le taux de prothrombine approche des 100 %, alors que c'est justement cela qui semble normal !

MISE AU POINT SUR LE CITRON

En hiver, alors qu'en dehors des agrumes, les fruits frais sont assez rares, c'est d'autant plus le meilleur moment pour envisager une cure de citron que celui-ci est généralement assez juteux.

Avant, toutefois, les indications pour mener cette cure, il convient de rappeler les principales vertus du citron, avec quelques commentaires à propos de la fable du citron « qui décalcifie », malheureusement encore colportée parfois par des personnes vraiment mal informées. En effet, comment peut-on encore, de nos jours, après tant d'expériences concluantes, arguer de prétendus effets décalcifiants du citron ?

En médecine, où les préventions étaient plus marquées encore, l'évolution se fait heureusement. En voici pour exemple la réponse d'un médecin-conseil du « Concours Médical » à un médecin des Hauts-de-Seine, lui écrivant : « A plusieurs reprises, j'ai entendu dire (parfois par des confrères) que le citron était décalcifiant. Faut-il le croire ? » Et le Dr M. Lequesne répond : « Le citron est décalcifiant à la dose de sept kilos par jour... comme n'importe quelle méthode créant une acidose. C'est dire qu'en pratique le citron n'est jamais décalcifiant, personne n'absorbant une telle quantité journalière. Les vertus dites décalcifiantes du citron sont à mettre au rayon des idées préconçues, préfabriquées et obstinées qui parasitent les cerveaux humains. » (C.M., 19-12-1970).

Il est, en effet, assez peu courant que les plus grands amateurs de citrons parviennent à en consommer une cinquantaine par jour, ce qui représente les sept kilos au-delà desquels peut s'amorcer la décalcification.

Toujours dans la perspective médicale, voici l'observation concernant une personne de 31 ans, « ayant un passé psychiatrique notable », qui consommait régulièrement trois kilos de citrons par jour ; consommation facilitée par son occupation de serveuse de bar. En plus des citrons, son alimentation comportait surtout des glucides (fruits, sucreries, pâtisseries ? Cela n'est pas précisé), peu de protéines, et pratiquement pas de lipides (graisses).

Cette personne fut hospitalisée pour faiblesse musculaire et des anomalies dans la perception des sensations (paresthésie) s'aggravant. Et ce n'était pas par acidification, mais bien par alcalinisation due aux excès de citrates apportés par cette grande consommation de citrons, ces citrates étant métabolisés et transformés en carbonates. Les examens n'ont jamais non plus révélé d'acidurie, les urines étant toujours alcalines, l'alimentation de l'intéressée ayant été considérée comme « totalement dépourvue de source acide. »

Une consommation journalière de trois kilos de citrons (une vingtaine) est évidemment excessive, mais la variété trop restreinte d'autres familles d'aliments, et aussi l'absence de sel, ont pu être prises en considération pour expliquer les troubles enregistrés, que des perfusions de chlorure de sodium ont atténués, paraît-il, rapidement.

En dehors de ces situations engendrées par des sujets de caractère un peu extrémiste, un fait est saillant et indéniable : le citron peut être consommé couramment et assez abondamment, sans jamais provoquer de décalcification.

On ne peut non plus omettre de rappeler que son acide citrique est, non pas seulement nécessaire, mais indispensable au transport et à la fixation du calcium.

La « Presse Médicale » a publié, sur « acide citrique et métabolisme calcique » des exposés des Prof. A. Lichwitz, D. Hioco, R. Parller, S. De Sèze (Rôle de l'intestin, de l'os et du rein, et Rôle des facteurs humoraux, vitaminiques et hormonaux). De ces exposés, il ressort que l'acide citrique favorise l'absorption intestinale du calcium, lequel est alors acheminé normalement vers le lieu de l'utilisation. Sans le secours de l'acide citrique, le calcium peut être détourné de sa destination ou arrêté par un quelconque obstacle dans sa traversée de l'économie.

L'acide citrique étant rapidement éliminé, et sa présence à tous les stades du métabolisme du calcium s'imposant, il est donc à conseiller la consommation répétée de petites quantités de jus de citron dans l'eau de boisson, l'assaisonnement des salades et crudités, etc.

Non seulement il ressort des travaux scientifiques, précédemment évoqués, que l'acide citrique est un élément indispensable à une calcification normale, mais les Prof. italiens R. Rossi et R. Cremoncini, à l'issue d'une longue pratique chez des enfants rachitiques, ont publié un rapport (revue « Minerva pediatrica ») sur le rôle capital de l'acide citrique dans le traitement du rachitisme.

L'acide citrique ouvre la voie à tous les aliments vers le processus d'ossification existant — ou devant normalement exister — dans tous les tissus, comme métabolite du « cycle de Krebs » ; c'est l'élément essentiel de la minéralisation.

Complément indispensable de la vitamine D, l'acide citrique active le processus de calcification des cartilages. La vitamine D, résultant notamment de l'exposition du corps au soleil, n'évite pas toujours l'excrétion fécale de calcium et de phosphore se produisant dans certaines formes de rachitisme. C'est seulement l'intervention permanente de l'acide citrique, associé aux radiations solaires, qui peut mettre entrave à cette élimination.

Le calcium peut parfois se combiner avec les acides gras séjournant dans le tube digestif, et échapper ainsi au processus de transformation normale. Là encore, l'intervention de l'acide citrique serait propice pour rétablir la situation, le calcium étant plus facilement absorbé en milieu acide.

Non seulement les Prof. Rossi et Cremoncini ont obtenu des résultats concluants dans le traitement du rachitisme, mais aussi provoqué — toujours avec le concours de l'acide citrique — une augmentation régulière du poids de nourrissons qui dépérissaient jusqu'alors.

Tout traitement du rachitisme, de la déminéralisation ou autre déficience, doit donc toujours comporter l'usage régulier du citron, à côté des aliments riches en calcium et autres minéraux, tels que carotte, navet, choux, laitages, etc.

Nous voilà alors bien loin des préventions surannées à propos du citron et de son acide citrique.

En somme, ces travaux scientifiques viennent heureusement confirmer les thèses harmonistes.

Acide au goût, cet aliment est donc bien un alcalinisant de l'organisme et, en particulier, des urines. Cela proviendrait du fait que l'acide citrique se combine avec les sels de sodium et de potassium. Il y aurait ainsi libération de CO^2 et élimination rénale de substances basiques.

Des situations, en apparence paradoxales, peuvent finalement être comprises. Ainsi, l'arrivée d'acide citrique dans l'estomac réduit celle d'acide gastrique, si bien que le citron peut réduire les inconvénients de l'acidité stomacale. En même temps, il contribue à la cicatrisation d'éventuelles ulcérations.

Ceux qui sont encore affligés d'une irritation gastrique ou des séquelles d'un ulcère stomacal ou duodénal peuvent donc recourir au citron, ce qui suppose tout de même parfois quelques modalités dans l'utilisation. L'un se trouvera bien de prendre le jus d'un ou d'un demi-citron, dans un peu d'eau fraîche, avant le repas, alors que l'autre en tirera plus de bienfaits en prenant la même quantité de citron, après le repas, dans de l'eau chaude édulcorée au miel. Il n'est d'ailleurs pas de meilleur digestif, alors que dans la première situation évoquée, l'action serait plutôt apéritive.

Le citron est doté de nombreuses vertus, lesquelles semblent avoir été connues de tous temps, au moins en partie. Dans l'antiquité, il avait la réputation d'être un antidote actif, même contre les morsures de serpents venimeux. Le célèbre médecin arabe Avicennes a relaté une guérison obtenue sur un prince du Turkestan atteint de jaunisse maligne.

Ses propriétés antiseptiques, antiputrides, antiparasitaires l'ont imposé dans le domaine culinaire et, plus que pour des questions de saveur, ce sont surtout les premières vertus qui ont justifié son introduction dans les préparations de viande, de poisson, de gibier faisandé.

Dans la cuisine végétarienne, on apprécie son goût acide, mais aussi son apport en vitamines et son action protectrice de la flore bactérienne commensale.

De découverte en découverte, on s'est aperçu que le citron pouvait réduire la viscosité sanguine, éloignant ainsi bien des risques. D'autre part, il contribue à la régularisation de la tension. C'est bien de régularisation qu'il s'agit, et non d'une action comparable à celle des médicaments hypotenseurs, lesquels obligent à un contrôle permanent de la tension, le risque étant toujours présent d'une baisse trop importante. Rien de semblable avec le citron, auquel peuvent même recourir les hypotendus.

Le même genre de phénomène peut se retrouver au sujet de la viscosité sanguine. Si le citron favorise la fluidification du sang, cela ne constitue en rien un obstacle à la coagulation en cas de blessure ou autre incident, cette coagulation étant même favorisée par le citron.

Un rôle important du citron est de dissoudre diverses concrétions, qu'il s'agisse de cristaux dans les articulations, les reins et la vessie, ou d'agglomérats de cholestérol, lipides, triglycérides, etc., dans la vésicule biliaire et sur la paroi des vaisseaux, ou divers floculats présents dans les liquides circulants.

Son action antiseptique ne consiste pas, comme des médicaments, à perturber toute la flore bactérienne, mais à s'opposer à une éventuelle prolifération, tout en favorisant la présence et l'entretien de ce qui est utile.

Il est mille utilisations utiles du citron, que chacun peut déterminer selon ses réactions propres, que ce soit en cas d'irritation buccale, d'aphtes, d'inflammation gingivale, de diverses parasitoses...

COMMENT MENER LA CURE. — Peut-être pourrait-on dire « les cures », pour autant qu'il est plusieurs techniques possibles. La plus simple est celle qui consiste à commencer avec un citron le premier jour, puis à progresser à raison d'un citron supplémentaire (ou d'un demi-citron) chaque jour, pour arriver à 10, 12 ou même 15, selon la tolérance. Il faut éviter la sensation de saturation, ce qui pourrait conduire à l'interruption de la cure, alors qu'il convient de régresser à la même cadence qu'à la progression. Finalement, on revient et reste à deux ou trois citrons par jour, ce qui correspond aux utilisations courantes (dans l'eau de boisson, les assaisonnements, etc).

Une autre façon de procéder est la suivante, concernant surtout ceux qui sont déjà familiarisés avec le citron, la quantité indiquée se prenant, soit le matin à jeun, en une seule fois, soit en plusieurs prises dans le courant de la journée, ce qui peut également concerner le système qui précède.

Donc, chaque jour, pendant une semaine, prendre le jus de trois citrons ; la deuxième semaine, six citrons ; la troisième semaine, neuf citrons. Si tout se passe bien, il est possible d'envisager une quatrième semaine, avec douze citrons.

Redescendre ensuite à la même cadence, pour se retrouver avec les deux ou trois citrons de l'usage courant.

On notera encore que les habitués du citron procèdent parfois d'une façon simplifiée, en prenant d'emblée quatre à six citrons par jour, pendant deux ou trois semaines, toujours en une ou plusieurs prises.

Dans tous les cas, le jus de citron est pris pur ou coupé d'eau, l'adjonction d'un peu de miel n'étant envisagée qu'en cas de difficulté d'absorption.

Lorsque le passage du citron dans la bouche provoque une sensation d'agacement des dents, prendre une paille ou procéder préalablement à un rinçage de bouche à l'eau salée

TOUT REVOIR ?

Comme l'a mentionné Ray Walford, précédemment évoqué, « malgré tous les progrès réalisés depuis l'antiquité dans les domaines de la santé et des sciences sociales, personne ne vit aujourd'hui plus vieux que ne vivaient les Romains ou même les Sumériens ». Peut-être sera-t-il dévolu à ceux qui sont ouverts à d'autres conceptions de vie d'apporter de nouveaux éléments d'appréciation.

Notamment, en reculant la sénescence, laquelle serait favorable au développement de certaines maladies, telles que cancer, arthrite, cataracte, artériosclérose, défaillances cardiaques, diabète... En inversant les facteurs, on constate aussi que la survenue de ces maladies conduit à la sénescence prématurée. Aussi peut-on assez malaisément déterminer par quoi la décrépitude a commencé.

Une notion domine toutes les recherches et expériences menées sur le plan scientifique, autant pour ralentir le vieillissement que pour accroître la longévité : la sous-nutrition calorique.

Cela impliquerait, dans le cadre d'une attitude délibérée, le recours à des compléments de diverses sortes, tandis que ce « régime » serait déconseillé à la femme enceinte et à celle allaitant. En effet, selon les conceptions habituelles, cela relèverait bien de la notion de « régime » avec toutes ses conséquences fâcheuses dérivant des carences ainsi engendrées.

Pourtant, une assez longue et large période de pratique courante, chez des sujets de tous âges, dont certains ont commencé dès l'enfance et ont atteint l'âge adulte, il est possible d'assurer qu'une alimentation peut être sous-calorique selon les normes conventionnelles sans pour autant se révéler carencielle. Mieux, même, la plupart de ceux se nourrissant ainsi ne présentent aucune des carences si courantes chez tant de « surnourris », en réalité de trop et mal nourris.

Là donc, réside un malentendu découlant des conceptions scientifiques de l'alimentation, parallèlement à l'impossibilité de pouvoir préconiser et obtenir une réforme cohérente s'appuyant sur une grande expérimentation, le « laboratoire » n'étant pas intervenu.

Les théories scientifiques apparemment les plus solidement étayées finissent le plus souvent par s'effriter, puis s'écrouler ou, pour le moins, tomber en désuétude. Celle venant remplacer la précédente, après l'avoir anéantie, finit elle-même par connaître la déconsidération.

Un exemple : qu'y avait-il de plus solide que la théorie expérimentale de Carrel sur la division et la reproduction des cellules placées en milieu nutritif ? Après sa mort, il ne fut pas possible de poursuivre l'expérience, laquelle reposait sur des négligences de manipulation (Roy Walford, page 90).

Les cellules se reproduisant le plus aisément sont celles du cancer ! Sans doute même se reproduiraient-elles indéfiniment si le porteur ne cessait de vivre ?

Maintenus dans des conditions artificielles de vie, considérées comme étant pour eux l'idéal, des animaux sont parvenus à une longévité dépassant nettement celle de leur espèce. Mais peut-on imaginer quel progrès serait la longévité accrue de sujets ne servant pratiquement à rien, ne jouant aucun rôle dans l'évolution ?

Il n'est pas possible d'envisager une transposition sur les humains, ceux-ci pouvant avoir d'autres motivations à la vie que de simplement prolonger celle-ci le plus longtemps possible sur le seul plan végétatif.

Par contre, il est bien évident que toute pratique inconséquente, que ce soit la poursuite d'habitudes destructives, l'installation dans un comportement aberrant, conduit à la réduction de la vie, ce qui amène à considérer la force morale comme partie intrinsèque de l'individu. L'essentiel est alors de définir quels principes moraux correspondent à la vocation humaine.

Toutes les théories scientifiques sur l'accroissement de la durée de la vie partent d'une situation où seraient maîtrisées la plupart des maladies dégénératives, celles qui, justement, vont en s'accroissant.

Rien de ce qui a pu être publié concernant la longévité de certaines populations, de quelques groupes humains, n'a pu être confirmé. Tout a été construit d'après des témoignages sans justification, quand ce ne sont pas tout simplement des légendes ou autres histoires enjolivées.

Sans doute existe-t-il quelques communautés dont de très bonnes conditions de vie ont amené certains de leurs membres jusqu'à un âge assez avancé. Mais, curieusement, le contact avec le monde dit « civilisé » les a orientés vers des modes d'existence aboutissant à la rupture d'avec la santé, puis à la mort prématurée.

Au passage, une remarque assez curieuse : ce sont souvent ceux ayant le plus abusé des joies artificielles de l'existence, et se trouvant de ce fait dans les plus mauvaises conditions, tant physiques que mentales, qui semblent le plus accrochés à une vie futile, dont ils ont tout fait pour en abréger la durée, et au cours de laquelle ils n'ont rien apporté à la collectivité. Pas plus qu'à eux-mêmes, d'ailleurs.

La durée de la vie semble se trouver en harmonie avec les conceptions que l'on peut s'en faire. A mesure que l'âge avance, l'attachement se relâche, et l'idée doucement vient s'implanter que l'expérience a suffisamment duré.

L'aspect dramatique est la brisure prématurée, la mort survenant alors que tous les espoirs, tous les souhaits de connaître et aimer étaient intacts encore. Sans doute la durée de l'existence de chacun répond-elle à des intentions qui peuvent échapper, cela étant assez pénible à supporter pour l'esprit encore conditionné de l'être humain.

Quelles que soient les conditions de vie, les intentions bienveillantes de l'entourage, les souhaits d'existence prolongée — sans doute conditionnés parfois selon les services que l'on peut rendre — il y aura toujours des sujets qui mourront selon ce qu'il est permis de considérer comme prématurément.

Ce qu'il convient à tout prix d'éviter est l'accident résultant de l'inconséquence, celle-ci pouvant faire dévier le cours normal d'une existence. Quelles que soient les raisons pouvant échapper à l'entendement humain, il n'est pas possible de rester indifférent devant la véritable destruction d'un individu, du fait de procédés inconscients, à commencer par les déplorables manies de boire de l'alcool, de fumer ou de se nourrir de façon aberrante.

S'il existe une ouverture vers la prolongation de la vie, c'est bien la situation se présentant lorsque l'esprit reste en harmonie avec le corps, et l'inverse. C'est peut-être même l'esprit qui influe plus sur le corps, que le contraire.

Avec une lucidité en éveil, il est assez pénible de constater le vieillissement organique, surtout lorsque cela survient prématurément. Pourtant, une adaptation mentale semble se produire chez ceux qui s'efforcent de maintenir leur corps en aussi bon état que possible, tout en restant conscients qu'il faudra bien que cela se termine un jour. Tout au moins en ce qui concerne la vie corporelle.

L'essentiel semble ainsi résider dans l'harmonie entre le corps et l'esprit, le second s'adaptant au déclin du premier.

Est-il bien normal que certaines parties du corps vieillissent plus rapidement que d'autres ? L'adaptation incessante de tous les organes au vieillissement normal devrait être la règle.

Il est certain que des lois régissent la longévité, celle-ci variant non seulement selon les espèces, mais aussi le groupe humain. Encore que, pour celui-ci, on constate des modifications favorables — ou le contraire — selon l'évolution des conditions de vie.

L'activité constante, dans des zones d'intérêt évident, surtout dans un sens communautaire, permet bien souvent de mieux comprendre et accepter le terme de la vie.

Par contre, l'étonnement peut être difficilement évitable devant le désir de prolongation excessive de la vie manifesté par certains dont l'existence ne semble parfois servir à personne, pas même à eux !

C'est là une situation assez paradoxale, les êtres engagés dans un service étant soutenus par des forces de vie, ce qui peut prolonger la durée de celle-ci, tandis que l'égocentriste ne semble bénéficier d'aucun autre secours que sa propre volonté de survie.

L'âge venant, l'activité du système immunitaire se ralentit, et ce peut être l'acheminement vers diverses maladies. Plus inquiétant encore, le système immunitaire se retourne parfois contre soi, cela laissant supposer que l'organisme, ayant été engagé dans des voies dangereuses, peut se trouver anéanti par ses propres défenses. Cette réaction, si préjudiciable, peut être inhérente à des interventions déplorables de certains médicaments, d'aliments défavorables, indépendamment du recours à l'alcool ou au tabac.

Un malentendu se retrouve aussi dans certaines doctrines philosophiques, la perfection humaine étant considérée comme irréalisable, ne serait-ce qu'en raison de quelques impératifs organiques dont on ne voit pas comment y échapper. Si l'être humain n'était pas assujetti aux nécessités corporelles, rien ne lui imposerait une vie physique, celle-ci se trouvant alors sans aucune justification. Il ne semble pas que l'accès à un certain degré de perfection permette d'échapper à la pesanteur ou au besoin d'uriner. Rien de ce que l'on a pu assurer à l'encontre de ces nécessités humaines n'a jamais été réellement constaté et contrôlé.

Au départ aurait été l'Eden, le Paradis, les créatures humaines sans maladies, sans déviations, sans passions. Ce qui suppose ainsi le départ est sans doute, en réalité, une finalité, l'histoire pouvant être écrite à l'envers, l'état parfait, selon ce qu'on sait de l'homme et ce qui figure dans son histoire ne semblant pas se trouver au départ, mais comme un but, entre autres, à atteindre. Pour le moins, c'est tout de même la préfiguration de ce que pourrait devenir l'être humain et son environnement après son épuration physique, mentale et spirituelle. L'état paradisiaque est la consécration, non la normalité tant que l'épreuve évolutive reste à accomplir.

Voilà qui doit ouvrir à l'être humain des perspectives autrement passionnantes que se satisfaire de moyens artificiels pour se donner l'illusion de la santé.

Supposant qu'à la suite d'une quelconque catastrophe soient détruites toutes les entreprises de transformation ou de conditionnement des aliments, il faudrait alors se comporter comme si cela n'avait jamais existé, et donc s'adapter à vivre avec seulement ce qu'il est possible de se procurer sans autres transformations que certaines préparations culinaires.

Tous les éléments de la méthode harmoniste se trouvent à l'état brut dans la nature, qu'il s'agisse de se nourrir comme de se soigner. Voilà le postulat. Tout ce qui peut ensuite être ajouté n'est que fantaisie et agrément, facteurs d'ailleurs non négligeables, pour autant que la vie doit être aussi agréable que possible.

A SUPPOSER QUE MANQUE QUELQUE CHOSE

Oui, supposons seulement, car il n'est pas normal qu'à une époque et dans des régions où l'alimentation est tellement abondante qu'elle l'est trop, tant de carences soient à combler !

En fait, ces carences seraient surtout supposées, assurent les médecins nutritionnistes, rien ne permettant d'en être assuré. Et pourtant, on prescrit force compléments, que ce soit en vitamines, sels minéraux ou oligo-éléments.

Que croire, comment supposer qu'une telle abondance alimentaire puisse ainsi déboucher sur d'aussi nombreux et importants troubles attribuables à des déficits d'apports ?

Avec le végétarisme, selon la conception harmoniste, tous les besoins normaux doivent être considérés comme largement comblés et, s'il survient quelques incidents de santé pouvant être attribués à des carences, celles-ci ne découlent pas d'insuffisance alimentaire, mais bien de défauts, d'anomalies dans le processus de l'assimilation.

D'une façon ou de l'autre, ce n'est pas avec la solution un peu simpliste des produits de remplacement que l'on apportera la vraie solution au problème.

Ou bien l'alimentation est abondante, mais inconséquente, et il convient de la réformer, ou bien elle est correcte, et il faut agir sur le processus de l'assimilation.

Même dans la première éventualité, l'intérêt est toujours certain de procéder comme pour la seconde, après rectification des erreurs alimentaires.

S'efforcer d'absorber encore plus d'aliments, ou de choisir des aliments de plus grand pouvoir nutritif, ne peut aboutir qu'à compliquer la situation. Simplement, convient-il, de préférence, de rechercher ce qui peut apporter, à la fois, les éléments énergétiques et ce qui permet leur bonne assimilation.

Pour ce qui concerne les vitamines, assez de notes ont été publiées sur ce sujet. Il y a aussi, çà et là, tous les articles de vulgarisation parus ailleurs, malheureusement avec confusion entre les aliments acceptables et ceux qui ne le sont pas (carnés, notamment).

On fait grand bruit autour de la **vitamine C**, agent de protection, laquelle se trouve en abondance dans le persil, le chou, les épinards, l'orange, le citron, le pamplemousse, la tomate, etc.

Ainsi, on se serait aperçu que, là où il y avait carence en vitamine C, on constatait de plus nombreux cas de cancers gastriques, sans préjudice du phénomène de moindre défense devant nombre de maladies infectieuses.

D'ailleurs, pour ce qui concerne surtout le cancer, parmi d'autres causes, soupçonnées à assez juste titre, on relève des carences en **vitamines A, C, B1** et **B2,** lesquelles se trouvent, pour la **vitamine A,** dans l'œuf et le beurre et, sous forme de carotène (précurseur de cette vitamine) dans le pissenlit, la chicorée, la carotte, l'abricot, le potiron (en général, ce qui est jaune), etc.

La vitamine **B1**, elle, se situe surtout dans le germe des céréales, le blé entier et la farine complète, le riz, certains légumes (pois, surtout), l'orange.

Quant à la **B2**, sa source se trouve dans la plupart des légumes (crus, de préférence), l'œuf, l'abricot, la prune, la poire, le fromage.

Ce n'est là, bien sûr, qu'un aperçu assez succinct puisqu'il ne semble pas nécessaire de reproduire le chapitre entier d'un livre.

Toutefois, il faut revenir périodiquement sur une importante remarque, celle concernant aussi bien la vitamine **B6**, que la **B9** ou la **B12**. Selon certains, on ne les trouverait que dans la viande, ce qui ne correspond nullement à la réalité, puisqu'elles existent autre part.

Si la **B6** se trouve bien dans le blé, le maïs, le jaune de l'œuf, certains fromages, le soja, la **B9**, elle, peut être apportée par les asperges, les épinards, la pomme de terre, le blé, en plus de l'œuf, de la carotte, du chou, etc. Enfin, la **B12** est présente dans les œufs et la levure. Même en dehors de toute source alimentaire constituant un apport direct, cette vitamine peut résulter, dans un organisme en bon état, de la sécrétion interne de deux facteurs permettant sa synthèse.

Il serait fastidieux de faire le tour des dispensateurs de sels minéraux, tous les éléments d'une alimentation convenable en étant très largement pourvus, et cela sans surcharge d'aucune sorte, ni surmenage cardiaque. Un exemple en est donné avec les quelques précisions qui suivent au sujet des oligo-éléments, lesquels sont des métalloïdes ou métaux indispensables au fonctionnement des organismes dans lesquels ils se trouvent en très faible quantité.

Quelques exemples, en tenant compte que ne sont mentionnés que certains et, pour chaque, ce qui les renferme, en densité décroissante, la mention pouvant parfois se poursuivre trop longuement, l'essentiel étant indiqué.

Arsenic. Dans l'ail, l'albumen et le germe du blé, le chou, la laitue, les épinards, le navet, le riz, la poire, la pomme de terre, la carotte, la pomme...

Brome. Dans la pomme, le melon, l'asperge, l'artichaut, certains champignons, la tomate, le radis, la rhubarbe, la fraise...

Cuivre. Dans l'amande, la noix, la noisette, le blé, l'asperge, l'œuf, le maïs, l'orge, le radis...

Fluor. Dans l'enveloppe du blé, l'orge, le riz, l'asperge, l'abricot, la tomate, le raisin, la pomme de terre, le radis, l'eau de Badoit...

Iode. Dans les algues (comestibles ou à tisanes), le cresson, l'ail, le haricot vert, l'oignon, l'œuf, les épinards, le navet, l'asperge, certains choux, la farine, le riz, la carotte, l'oseille, le poireau...

Fer. Dans le blé (albumen et germe, surtout), le cresson, les lentilles, la carotte, l'avoine, les épinards (crus, surtout), l'œuf, la noisette, l'amande, le seigle, la datte, la fève, les raisins secs, les figues et noix sèches, le riz, la laitue, l'oignon, le poireau...

Manganèse. Dans l'asperge, le blé, la noix, l'orge, le riz, les épinards, la betterave, l'œuf, le maïs, le cresson, l'abricot, le chou, la prune...

Magnésium. Surtout dans les dattes, le germe de blé, puis les arachides, le gruyère, la betterave, les épinards, le sarrasin, l'avoine, le blé, la pomme de terre, la carotte, les amandes, noix et noisettes, le riz...

Nickel. Dans le chou, les épinards, la laitue, la figue, le sarrasin, la poire, la prune, l'abricot, la cerise, le blé (enveloppe, surtout), la carotte...

Silicium. Dans l'enveloppe des céréales et fruits, l'ail, la pomme, les haricots et pois en grains frais, le chou-fleurs, la ciboule, l'échalote, la fraise...

Zinc. Dans la betterave, l'orge, le maïs, le chou, l'œuf, le champignon de couche, la tomate, la carotte, la pêche, les épinards, l'orange.

On pourrait continuer longtemps ces nomenclatures, ne serait-ce que pour démontrer combien tous les besoins, autant ceux essentiels que d'autres venant en complément, sont largement couverts dans le cadre d'une alimentation vraiment normale.

La constatation a été faite que quand l'organisme est surchargé, non seulement il n'est plus à même de bien assurer les fonctions d'assimilation, mais il ne constitue plus de réserves, si bien qu'il peut se trouver en état de manque dans un quelconque secteur, seulement quelques heures après un repas.

Le surmenage alimentaire a donc deux conséquences dangereuses : l'encombrement, donc le prélude à l'intoxication, et l'engagement dans la voie des carences. Si alors peuvent être supposés, à plus ou moins juste titre, certains déficits, ce n'est pas en raison (ou ça l'est rarement) d'insuffisance d'apports, mais du fait d'un métabolisme défectueux.

Il est des notions sur lesquelles on n'insistera jamais assez, telle celle de « complémentarité » dissociée. Imaginer qu'il suffise d'ajouter tel ou tel corps isolé, sous forme médicamenteuse (toute substance isolée sort inévitablement d'un laboratoire, avec tous les conditionnements que cela suppose) relève de la pure illusion.

Pour être utile, donc élaboré, toute vitamine, tout corps minéral, tout oligo-élément, doit parvenir à l'organisme avec ses accompagnateurs prévus par la nature. C'est ce qui peut rendre inquiétant tout apport isolé, soit que ce qui est ainsi introduit intempestivement conduise l'organisme à s'en satisfaire et à ne plus faire l'effort d'extraction de l'apport alimentaire, avec engagement dans la voie des « supplémentations » continues, soit que les corps ainsi introduits isolément se conduisent en parasites, soit encore qu'ils mettent entrave à la bonne assimilation de corps voisins, ce qui se passe, par exemple, avec le magnésium médicamenteux, lequel perturbe le métabolisme du calcium et du phosphore, induisant alors des carences à côté de celles qu'il est supposé devoir combler.

Le mécanisme organique est vraiment trop complexe pour que l'on puisse se permettre d'intervenir autrement que par une douce action d'aide et de stimulation des fonctions. C'est là plus le rôle des moyens curatifs dont on dispose si heureusement.

VITAMINES. — Un exposé sur les substances pondérables ou subtiles devant assurer à l'alimentation son rôle constructif, réparateur et protecteur serait évidemment incomplet (il le sera d'ailleurs toujours étant donné ce qui reste ignoré) si mention n'était pas faite des vitamines.

La plupart des légumes et fruits, notamment les légumes verts, la carotte, la tomate, la pomme de terre, les fruits de couleur, le navet, étant pourvoyeurs de caroténoïdes, précurseurs de la vitamine A, de même que l'œuf et le lait d'été, l'approvisionnement serait largement assuré si d'assez nombreux facteurs n'en gênaient pas l'absorption.

Une série d'infections, une gastro-entérite aiguë, une parasitose peuvent gêner l'absorption et l'utilisation de la vitamine A.

Peut être évoquée aussi, devant une éventuelle carence, une déficience hépatique, de même qu'ont été relevées des anomalies dans le processus de la transformation des carotènes en vitamines, puis dans l'assimilation de celles-ci. Ainsi, tous les carotènes ne deviennent vitamines que si tout le mécanisme des transformations successives, puis de la répartition, est satisfaisant.

Evidemment, la tentation est grande de substituer à la vitamine naturelle, éventuellement défaillante, une reproduction artificielle, les réactions de laboratoire semblant démontrer une certaine similitude. Pourtant, des incidents ont dû être reconnus, telle une hyperostose (épaississement — avec déformation — d'une portion d'os), cela pouvant aller jusqu'à provoquer l'ankylose.

« Il est paradoxal d'observer qu'un traitement vitaminique utilisé comme traitement de neuropathie peut en induire » (Concours Médical, 21-01-83), cette réflexion concernant la vitamine B6, prescrite dans des neuropathies, des asthénies ou des dermatoses. Il est donc dommage, dans ces situations, de ne pas donner plus d'importance au germe de blé et de maïs, au jaune de l'œuf, à certains laitages, à la graine de soja, lesquels participent, avec la vitamine E (ayant à peu près les mêmes sources alimentaires que la vitamine B6, précitée), à la synthèse du magnésium, lequel, prescrit isolément, présente divers inconvénients, dont celui, important, de gêner l'assimilation du calcium.

Les inconvénients résultant de la prescription de vitamines synthétiques ne sont encore que très partiellement connus, mais il est probable que leur réalité deviendra de plus en plus évidente. Aux incidents déjà constatés, on peut mentionner que, prescrite isolément, la vitamine C (acide ascorbique) incite l'organisme à la destruction des molécules de la vitamine B. Et même aussi, dans la lancée, de la vitamine C apportée par les aliments !

En contrepartie, il est remarquable de constater que l'association initiale des vitamines dans les aliments naturels, non seulement n'est à l'origine d'aucun antagonisme, mais au contraire d'avantages certains. Ainsi, associées, les vitamines B9 (acide folique) et B12 (cyanobalamine), par interaction, s'opposent à l'anémie mégaloblastique, se montrant les agents actifs de l'immunité. Ces folates se trouvent dans les fruits et légumes verts, crus surtout.

Jamais l'on ne constatera de phénomènes anormaux pouvant découler d'un « excès » de vitamines lorsque celles-ci sont apportées par les aliments, si ceux-ci sont en quantité et en variété correctes. Même si certains d'entre eux étaient trop « riches » en certains éléments, aussi bien sels minéraux, acides aminés, oligo-éléments que vitamines, il n'en résulterait aucun incident fâcheux. Cela ne peut survenir qu'après utilisation d'un corps isolé et souvent de reconstitution, donc ne provenant pas du produit alimentaire intégral.

Tout ce que l'on pourrait avancer à propos d'hyper ceci ou cela ne reposerait sur rien de vraiment réel. Par contre, l'introduction dans l'organisme d'un quelconque produit de remplacement, obtenu par synthèse, peut nuire à la bonne utilisation des éléments vitaux apportés par une alimentation convenable.

ENZYMES. — On ne saurait évoquer tant d'éléments subtils dont la seule présence suffit parfois pour changer le cours des faits, notamment ceux concernant les fonctions organiques, sans mentionner l'équilibre et la régularité des diverses opérations placées sous l'influence de ces éléments si subtils que sont les enzymes, « substances de nature protéinique, douées d'une activité catalytique, c'est-à-dire accroissant la vitesse d'une réaction biochimique ».

Pouvant renfermer un grand nombre d'acides aminés (la ribonucléase en contient 124), les enzymes sont à la fois nécessaires pour certaines liaisons, tout comme des éventuelles dissociations.

Certaines enzymes peuvent être sécrétées par l'organisme, tel le *Lysozyme* présent dans le blanc d'œuf, mais aussi dans la salive, les larmes, le mucus nasal, le pancréas.

Les principales enzymes seraient, en plus de ce lysozyme, la *Ribonucléase*, la *Trypsine*, enzyme protéolytique, placée sous l'influence du pancréas, et qui intervient dans la phase intestinale de la digestion des protéines, la *Catalase*, la *Méthionine*, acide aminé soufré indispensable, l'*Amylase*, enzyme transformant l'amidon en maltose et en dextrine, la *Phosphorylase*, qui préexiste dans le foie, permettant aux cellules d'utiliser les réserves en glycogène ou les rendant métabolisables, ou encore l'enzyme *Lipoprotéine* (lipides du jaune d'œuf), forme normale de transport des lipides dans la circulation sanguine.

Si, trop souvent, est évoquée assez inconsidérément la préservation des vitamines avec certains modes de cuisson ou de conservation des aliments, confondant ainsi le support identifiable avec le principe subtil extrêmement fragile, on évite en général de mentionner les enzymes. L'extrême fragilité de celles-ci les rend dénaturables par la chaleur ou le contact avec de nombreux agents physiques ou chimiques.

Or, même en quantités infimes, tous les nutriments doivent être apportés par les aliments, non pas sous forme isolée, mais bien associés à d'autres éléments sans lesquels ils seraient inactifs.

C'est ce qui donne toute l'importance à une alimentation à la fois variée et « vivante ». Une notion doit être mise en évidence, c'est qu'il ne faut pas attendre trop d'un corps isolé, même si un trouble peut être évoqué lorsqu'il fait défaut, car c'est de toute une cascade d'associations que peut résulter l'équilibre organique, celui présidant, à la fois, aux réfections ou au processus énergétique, tout comme aux défenses organiques.

FLORE DIGESTIVE. — Le tube digestif de l'être humain (et aussi de l'animal) héberge un grand nombre de micro-organismes dans le cadre d'un écosystème complexe normalement bien équilibré.

A l'état physiologique, cette flore intervient du fait d'une modification du chimisme, du métabolisme et de la vitesse de transit des constituants du bol alimentaire.

A l'inverse, la nature des aliments et mixtures diverses ingérés exerce une influence dans un sens favorable ou néfaste sur la flore intestinale. A cet égard, on relève le rôle particulièrement perturbateur des antibiotiques et même de certains antiseptiques, surtout introduits par voie orale.

Les ferments de la choucroute (et autres aliments lacto-fermentés), de même que ceux du yaourt, contribuent à la neutralisation des germes pathogènes et à l'entretien d'une flore protectrice.

IMPORTANCE CAPITALE DES CRUDITÉS

Il n'est pas tellement éloigné, le temps où les végétaux consommés crus étaient chargés de tous les méfaits. On les accusait d'encombrer inutilement les organes digestifs, au détriment d'autres sortes d'aliments considérés comme bien plus utiles, de provoquer l'irritation de l'intestin grêle, de préluder à la formation de gaz, et donc d'engendrer des ballonnements, de gêner le processus digestif. Quand « prospérait » la poliomyélite, on suspectait même les crudités !

Autrefois, bien que l'alimentation fut plus naturelle, moins maltraitée que de nos jours, la maladie sévissait pourtant, de même que la décrépitude précoce et autres calamités. Et cela, bien souvent chez des sujets dont on disait qu'ils « ne faisaient pas d'abus », ce qui démontre assez que des erreurs étaient tout de même courantes, la principale étant le peu de place faite aux aliments crus dans l'élaboration des repas. Ou bien on n'en voyait pas l'intérêt, ou bien on craignait qu'elles soient dangereuses, les théories pastoriennes ayant fait naître une phobie du germe pathogène.

Les nouvelles conceptions médicales sur la valeur des fibres végétales contribuent à vaincre les méfiances et à encourager la consommation de produits végétaux riches en cellulose (dont on admet maintenant la dégradation par les bactéries contenues dans le côlon).

Sans doute, des préventions subsistent encore quant à leur digestibilité et aux prétendus risques qu'elles feraient courir à l'intestin malade. S'il est certain que des organes digestifs en mauvais état peuvent ne pas bien accepter les crudités, le plus souvent il s'agit de craintes non fondées. Ce sont là des séquelles de théories d'inspirations médicales, dont un seul fait suffit à démontrer combien elles peuvent être parfois sans fondements. En effet, ces affirmations ont des bases si peu solides qu'un exemple peut faire s'écrouler tout l'édifice. Il n'est que d'évoquer le chou, et de se reporter à la plupart des « régimes » médicaux concernant une affection — quelle qu'elle soit — de l'appareil digestif. On constate alors que le chou est généralement banni de la nomenclature des aliments permis ou tolérés (et s'il ne l'est plus toujours, le temps est encore proche ou il l'était). Souvent, même, il est en tête de liste de ceux dont il faut rigoureusement s'abstenir. Or, il n'est pratiquement pas de malades de l'estomac ou des intestins qui ne supportent pas le chou « cru ». C'est l'aliment le plus doux, le plus digestible, le plus utile aussi, car il est en même temps un remède pour l'intestin lésé. Il a été reconnu qu'il contenait une vitamine favorisant la reconstitution de la muqueuse ulcérée. C'est donc cet aliment essentiel qui est (ou était) condamné dans les régimes médicaux !

Ceci pour faire admettre combien il faut être prudent devant une quelconque affirmation, quelle que soit l'autorité qui la cautionne ou l'assurance avec laquelle elle est émise. Il suffit souvent d'une courte période d'expérimentation pour, parfois, être convaincu du contraire.

A l'encontre des crudités, c'est parfois leur contenu cellulosique qui devient le bouc émissaire, mais, on le sait, la cellulose est digérée en grande partie dans l'intestin, si la flore bactérienne est bien constituée. Or, justement, les végétaux crus apportent tous les éléments favorables à l'entretien d'une flore bien équilibrée. Il en est des crudités comme de bien d'autres choses concernant l'alimentation : quelles expériences ont été faites, et dans quelles conditions ? Pour condamner la cellulose, on s'est longtemps référé aux expériences de Pavlov dont le sujet principal d'expérimentation était un porteur de fistule gastrique. Il est évident que, chez un tel malade, les fonctions ne pouvaient s'accomplir normalement. On note aussi des observations sur des sujets par ailleurs alimentés avec des produits nocifs ou déséquilibrés. Il est possible qu'un gros carnivore s'accommode mal des crudités, sa flore intestinale étant trop imparfaite pour pouvoir les élaborer.

Il semble superflu d'évoquer le problème d'une éventuelle pollution des crudités, lorsque celles-ci ont été correctement préparées, étant donné que ceux qui absorbent des aliments cuits longtemps avant leur consommation (charcuterie, notamment), sont à peu près certains d'y trouver des germes installés là après la cuisson, dans un aliment ne pouvant même plus être lavé ! Les aliments crus renferment tant d'éléments protecteurs, dont sont pratiquement dépourvus ceux qui ont subi l'épreuve de la cuisson, que c'est donc plus les aliments cuits que les crus, qui sont à craindre. On notera aussi que les éventuels germes pathogènes restent à la surface des végétaux crus, ce qui rend assez aisée leur élimination par le lavage, alors que dans ce qui est cuit, ils ont pénétré en profondeur et ne peuvent plus être exclus ou même neutralisés.

Par ailleurs, quand l'organisme est correctement alimenté, toutes les fonctions s'accomplissent normalement, notamment celles de défense et de protection, en particulier pour ce qui concerne le cœur et ses annexes. A tous les stades, les germes rencontrent des barrages, la plupart des sécrétions organiques — à commencer par la salive — étant bactéricides. Ce n'est que dans un corps dégradé par des aliments non physiologiques que les germes peuvent subsister, proliférer et devenir virulents.

Le plus souvent, si les crudités sont mal acceptées, c'est que les sécrétions ne sont pas encore normalement rétablies. Pour assumer la digestion d'un aliment, il faut non seulement les ferments que celui-ci peut apporter, mais encore la partie correspondante que l'organisme élabore. Faute de cette collaboration, la digestion ne peut être qu'imparfaite. Aussi doit-on recourir aux remèdes naturels pour rétablir des fonctions normales, et pouvoir ainsi utiliser au mieux des aliments dont on ne retire pas encore tous les avantages que l'on espérait.

D'autres aspects de l'utilité des crudités restent à envisager, notamment en ce qui concerne le rôle des ferments, et comment en respecter la fragile structure et profiter au maximum de leurs bienfaits.

Cette question des ferments étant abordée, il est utile de la voir plus à fond, tellement le rôle de ces précieux auxiliaires est prépondérant. Il n'est que de savoir que certains d'entre eux ont la propriété de fixer l'oxygène de l'air. Aussi leur présence est-elle nécessaire pour tirer quelques bienfaits d'un séjour dans une région bien aérée. Nous avons là l'explication du fait que des enfants vivant habituellement au grand air semblent parfois étiolés, alors que d'autres, résidant dans des grandes cités où l'air est insalubre, peuvent présenter un aspect florissant. Cela tient à ce que la présence desdits ferments dans leur organisme a permis à celui-ci une utilisation optima de l'oxygène de l'air, pourtant associé à des gaz impurs, dont ils disposent. Des parents manifestent bien souvent leur étonnement devant le piètre résultat de séjours à la campagne, ou autre lieu bien aéré, d'enfants confiés à des membres de la famille ou à des amis. C'est que ceux-ci, mieux intentionnés qu'inspirés, se sont surtout évertués à gaver l'enfant, et à lui faire absorber ce dont ils supposent que celui-ci est habituellement « privé » chez ses parents. Le témoin de ces « bienfaits » ne saurait être, évidemment, que la balance. Le seul vrai résultat, c'est un surmenage du foie par excès alimentaire, et le ralentissement de l'oxygénation du sang par manque d'aliments vivants, riches en ferments !

En plus de cette si importante fonction, les ferments en assument bien d'autres. Certains d'entre eux, notamment, agissent pour assurer la solubilité des aliments et en favorisent ainsi l'assimilation. D'autres exercent une influence, par leur seule présence, sur les transformations successives des aliments. Il en est encore qui modifient certains corps insolubles et participent à l'élaboration, au transport et à la fixation des éléments utiles, et à la neutralisation des autres.

Ces remarquables ferments n'ont qu'un défaut : ils sont fragiles, très sensibles à la chaleur. Leur destruction progressive commence vers 40° C.

C'est pourquoi d'ailleurs, il faut absolument se passer de nourriture en cas d'accès fébrile. Les ferments pouvant être rendus inactifs — aussi bien ceux que l'organisme élabore que leurs « confrères » apportés par les aliments — la digestion ne peut s'accomplir normalement, et les aliments entrent en période de fermentation anormale, ce qui ne peut qu'entretenir ou accentuer la fièvre.

Inutile d'insister, par ailleurs, sur le rôle particulièrement néfaste de la cuisson à trop haute température, notamment celle des conserves ou des aliments préparés dans des marmites-express. On ne saurait se passer totalement de cuisson, l'organisme humain étant habitué aux aliments cuits depuis trop de générations, mais il faut savoir qu'elle modifie les associations moléculaires de l'aliment et en réduit le potentiel énergétique.

D'autre part, il a été remarqué qu'après un repas composé uniquement d'aliments cuits, le nombre des leucocytes du sang ou de la paroi intestinale augmenterait sensiblement. C'est l'hyperleucocytose digestive (ou postprandiale). Par contre, après l'ingestion d'aliments crus, ce phénomène n'a pas lieu. Comme il est accru avec la consommation d'aliments chargés de substances toxiques (la viande, par exemple) ou très dénaturés, on en a conclu que c'était une manifestation de défense. Cela ne se produisant pas avec les crudités, c'est que ce genre d'aliments est totalement dépourvu de toxicité ou apporte des éléments d'auto-défense. Quand un repas comportant des aliments cuits est amorcé avec des crudités, la leucocytose est considérablement réduite, ce qui démontrerait que les aliments crus introduisent bien avec eux des substances protectrices.

C'est là une des justifications de la règle qui veut que la place normale des crudités soit en début de repas. Bien d'autres éléments militent en cette faveur, surtout lorsqu'il s'agit de fruits frais. Très facilement digérés, ceux-ci, non seulement n'encombrent pas l'estomac, mais favorisent de bonnes sécrétions pour accueillir les aliments qui vont suivre ; alors que, pris en fin de repas, ces mêmes fruits donneraient lieu à des fermentations anormales, et peut-être même leur sucre pourrait se transformer en alcool. Tout repas bien conçu doit donc commencer par des crudités, avec les fruits en tout premier. Il serait regrettable, en effet, d'être incommodé par des anomalies de fermentation, alors que les crudités (fruits surtout) s'opposent normalement aux putréfactions.

En ce qui concerne les fruits secs, le problème est autre. Ce sont bien des crudités, mais d'une sorte un peu différente. Ils n'ont pas tout à fait les mêmes constituants qu'à la récolte, bien que leurs éléments soient aussi assimilables ; mais, contenant moins de cellulose, et étant des aliments très concentrés, leur digestion sera évidemment plus lente. On peut donc les placer indifféremment au début ou à la fin du repas.

Comme celui des fruits frais, le sucre des fruits secs (sucrés) est directement assimilable ; il n'a pas à être transformé. Aussi ce sucre se convertit-il très vite en énergie, ce qui le rend particulièrement précieux pour les sportifs ou pour tous ceux qui ont un effort important ou prolongé à accomplir. Par contre, une fois cuit, ce même sucre (naturel) des fruits n'a plus exactement les mêmes possibilités, et son utilisation est plus laborieuse.

D'ailleurs, quelle que soit leur teneur en sucre, les crudités libèrent toujours très rapidement de l'énergie. Elles apportent des éléments utilisables dans les heures qui suivent l'ingestion, sans contrepartie fâcheuse. Cela tient, entre autres, à la présence de cette chlorophylle que la chaleur modifie également bien défavorablement, mais qui est présente dans tout aliment cru, de couleur verte ou ayant passé par le stade de cette couleur. Riche en principes antiseptiques, la chlorophylle exerce également une action stimulante sur muscles et nerfs ; elle tonifie le cœur, agit sur la fibre lisse des intestins (remède à la constipation), stimule la fonction urinaire et abaisse le taux de cholestérol du sang. On sait qu'elle atténue l'odeur de la transpiration et des autres excrétions. C'est un réservoir et un véhicule d'énergie solaire directement assimilable et utilisable.

A grand renfort d'analyses et autres épreuves de laboratoire, on s'évertue à démontrer que, maintenant, les vitamines ne sont plus détruites dans les aliments de conserve ou préparés dans les marmites-express.

Il importerait de se mettre préalablement d'accord sur ce que l'on entend par « vitamines » ; s'il s'agit de l'acide qui en est le support, ou de l'énergie cosmique qu'elles représentent en réalité. Pas plus que des appareils de contrôle ne peuvent distinguer le fer aimanté de celui qui ne l'est pas, pas plus ne peuvent-ils déceler l'intensité du contenu énergétique d'une substance vivante. Ce qui est rencontré, c'est le support et non la charge ! On identifie bien l'accumulateur, mais sans savoir s'il est chargé ou non. Etant donné ce que l'on sait de la perte à la cuisson en corps minéraux et autres constituants de l'aliment, il serait extraordinaire que soient intégralement préservés les vitamines et ferments, substances infiniment plus fragiles.

D'ailleurs, moins les parties nutritives ou énergétiques sont modifiées, et plus elles sont aptes à jouer leur rôle physiologique. Si la cuisson des céréales reste indispensable pour la transformation préalable de certains de leurs composants, le reste des menus doit être largement constitué de crudités ; cet état de crudité préservant les éléments nutritifs et maintenant les différents composants dans leur meilleure concentration, tout en respectant la nature de leur association. Il protège aussi leur état colloïdal.

Cela a été dit : si l'on ne peut encore supporter les végétaux crus, il faut s'habituer avec des jus. Bien rares seront ceux qui ne supporteront pas un jus de carotte, de betterave rouge ou de chou. Prendre ces jus entre les repas, par très petites quantités d'abord, puis en augmentant ensuite progressivement.

Pareillement de petites quantités de crudités seront très vite acceptées. Il est possible, même, de mélanger les parties crues et cuites du même aliment. C'est toujours la carotte râpée ou le chou coupé en lanières qui seront les mieux et les premiers acceptés. Essayer ensuite (par cuillerées à café, si nécessaire) de la betterave rouge, du céleri-rave, quelques feuilles de salade, également coupées finement. Ensuite, passer aux fruits, en recherchant toujours lequel semble être le mieux supporté. Par exemple, un ou deux quartiers d'orange ou de pamplemousse, un morceau de pomme râpée, quelques grains de raisin.

Ces précautions prises, parallèlement à la pratique d'un traitement naturel complet (comme mentionné dans la première partie), doivent conduire à une amélioration très nette et progressive de la situation. Que de grands malades des organes digestifs étonnent leur entourage — et même s'étonnent eux-mêmes — de pouvoir enfin manger autant de crudités qu'ils veulent, non seulement sans dommages, mais avec énormément de bienfaits. Que de déficients du cœur retrouvent ainsi tonus et liberté d'action.

QUELLES NORMES ALIMENTAIRES ?

Pour celui qui aborde la méthode ici préconisée alors qu'il est encore conditionné par les anciennes conceptions médicales, un effort est à accomplir pour admettre qu'il ne suffit pas de remplacer certains aliments par d'autres — pas plus que de substituer un remède naturel à un médicament — pour être dans la bonne voie.

Une erreur que l'on peut qualifier de fondamentale, en ce qui concerne les éléments d'appréciation, réside dans l'établissement de normes alimentaires pour la confrontation des divers éléments composant l'alimentation après passage à la bombe calorimétrique ou autre système de discernement. L'erreur semble en voie d'être admise, mais persiste avec la classification des composants alimentaires (protides, lipides, glucides, sels minéraux, etc.), toujours selon leur dégagement en calories ou selon d'autres notions aussi arbitraires.

Combien est également déplorable la négligence des autres facteurs (sensoriels, affectifs, etc.). Ce n'est donc pas dans cette direction qu'il est possible d'envisager ce qu'il en est réellement de l'aliment et de sa valeur alimentaire (plastique, énergétique, enzymatique, revitalisante).

Depuis que l'on se référait aux normes calorimétriques, on avait constaté que celles de base étaient erronées, selon ce qui a été observé depuis dans des groupes humains déployant une activité considérable, sans présenter aucun signe de malnutrition.

Il a, par ailleurs, été remarqué que des jeunes animaux nourris de principes seulement calorigènes ne se développaient pas. On a d'autre part constaté, dans les milieux végétariens, après un essai apparemment voué à l'échec de végétalisme chez des jeunes enfants, qu'il suffisait d'introduire un peu d'œuf ou de yaourt dans leur alimentation pour obtenir une croissance normale, et cela sans aucun rapport entre les quantités de ces groupes d'aliments et le résultat obtenu.

« Nicol et Philips ont administré de la protéine de l'œuf, à raison de 9,45 g/kg par jour, à des hommes nigérians qui étaient précédemment habitués à un régime à teneur modérément faible de protéines. Tous les sujets se trouvaient en état d'équilibre azoté, même en tenant compte de pertes cutanées de l'ordre de 10 mg N/kg par jour. Ces résultats donnent à penser que chez ces hommes l'azote absorbé est mieux utilisé que chez des sujets comme ceux des États-Unis qui sont accoutumés à des apports protéiques élevés. » (Bulletin O.M.S., vol. 57, n° 3).

Selon les normes « officielles », la pratique végétarienne entraînerait — chez l'enfant, surtout — une énorme consommation de protides végétaux pour assurer les besoins en tel ou tel acide aminé. Ces assertions sont démenties par une large et longue expérimentation (deux, trois, ou même quatre générations) menée par de très nombreux végétariens de naissance ou de prime enfance ayant atteint la maturité, et beaucoup ayant même des enfants, et certains des petits-enfants. Non seulement il n'a jamais été constaté de troubles de croissance, mais tous se trouvent en un état que beaucoup envieraient.

Toujours en se référant à ces normes, il faudrait consommer 6 à 12 œufs par jour, alors que la moyenne, chez les harmonistes de tous âges, est de 2 à 4 par semaine (4 à 6 à des époques déterminées chez certains adolescents, sportifs ou dénutris).

Veut-on émettre une appréciation sur la valeur des standards alimentaires ? Il n'est que de lire ce qui avait paru dans « Le Concours Médical » du 4.10.1975, à propos de ce qui concerne particulièrement les protéines : « *Il aura fallu trois quarts de siècle,* rappelle le Medical Journal of Australia, *pour que les experts résolvent l' "énigme protéique". Au début du siècle, les physiologistes allemands constatent qu'un homme actif en bonne santé consomme une centaine de grammes de protéines par jour, et Chittendem prêche dans le désert quand il déclare : "50 grammes suffisent". Shermna, en 1920, puis Leitch et Duckworth en 1937, analysant la totalité des études de bilan azoté alors publiées, estiment qu'il faut 44,4 grammes de protéines à un homme de 70 kilos pour équilibrer son bilan, mais par sécurité en conseillent 70. Ce gramme de protéines par kilo de poids demeura longtemps en vigueur. Pourtant, les experts de la F.A.O. et de l'O.M.S. réétudiant le problème en 1971, ont estimé qu'un homme avec 46 grammes de protéines par jour, une femme avec 36 peuvent vivre à l'occidentale, c'est-à-dire peuvent faire les frais d'assez d'activité, d'agressivité et de compétitivité pour ne pas être écrasés. Or, l'Occidental moyen en consomme environ le double...* ».

On ne saurait oublier non plus que les protéines ne sont pas toutes d'origine alimentaire, le tube digestif digérant celles qu'il élabore lui-même. Ces protéines endogènes peuvent provenir des sécrétions digestives, du plasma, de la desquamation cellulaire. Ce sont d'ailleurs des pertes de substance qui doivent être comblées par les apports alimentaires (souvent autres que protéiques).

« *Il est important de relever que personne n'a en fait examiné la variation, chez un même individu, du besoin. Cet examen comporterait des mesures sérielles du besoin azoté chez les mêmes sujets. Ce que l'on a en réalité calculé, c'est la variation de l'excrétion d'azote.*

» *Si la variation sério-temporelle existe, on peut en déduire qu'il y a un processus de régulation dynamique, de sorte que les besoins chez un même individu s'adaptent constamment, dans une certaine mesure, au niveau de l'apport précédent. Il se peut qu'un tel processus conduise à des adaptations à long terme, sans risque pour la santé, chez les personnes accoutumées à de faibles apports protéiques. Cela signifierait que les déterminations actuelles des besoins protéiques, basées sur des bilans azotés à court terme opérés sur des sujets habitués à des apports protéiques élevés, pourraient n'avoir qu'une valeur limitée* ». (Bulletin O.M.S., vol. 57, N° 3).

Il faut tenir compte aussi des défauts possibles dans le processus des transformations, notamment ceux pouvant découler de l'usage de laxatifs, lesquels, surtout s'ils sont médicamenteux, peuvent avoir une influence particulièrement défavorable en déterminant des désordres hydro-électrolytiques avec perte abondante de protéines plasmatiques et de cellules intestinales. Il a été observé que « *les pertes cellulaires sont multipliées par 10 avec l'huile de ricin et le dioctysulfoccinate de soude, et par 2 avec le sulfate de magnésie et le taurodésoxycholate* ». (Panorama du Médecin, n° 776). Ces inconvénients peuvent être encore accrus avec des produits tels que l'huile de paraffine, laquelle imperméabilise assez la muqueuse intestinale pour mettre obstacle à l'absorption de substances nutritives.

Selon l'équilibre organique, les pertes de protéines sont plus ou moins importantes, pouvant aller du simple au triple, ce qui modifierait déjà les constantes admises comme normales. Si un sujet en apparente bonne santé perd 60 à 100 ml de plasma chaque jour, cela peut atteindre 300 à 500 ml en cas de perturbations organiques.

D'un phénomène ou d'un incident à l'autre, il est alors loisible de constater combien seraient à considérer toutes les incidences de la digestion et de l'assimilation.

Trop de facteurs entrent en ligne pour que cela puisse être précisé pour tous et définitivement. Tout est fonction des possibilités d'assimilation. Les anciennes habitudes alimentaires continuent d'exercer souvent une influence défavorable. La monotonie dans l'alimentation a conditionné la composition d'une flore bactérienne limitée, des sécrétions rendues inutiles se sont taries, les fonctions digestives se sont spécialisées dans des actions restreintes. Une partie seulement des éléments nutritifs de la nourriture est utilisée. Il faut alors absorber plus pour obtenir un minimum suffisant.

La carence des organes digestifs peut être palliée en partie par la grande variété de l'alimentation. Introduisant ainsi une grande profusion d'éléments vivants (ferments, surtout), il est possible de remédier en partie aux déficiences. Pour être totalement actifs, les ferments apportés par les aliments doivent trouver leur contrepartie dans leurs homologues sécrétés par l'organisme. Isolés, leur action est évidemment limitée. Avec des sécrétions organiques déficientes, il importe de veiller tout particulièrement à la variété et à la fraîcheur des aliments. Une grande richesse en éléments vivants est la meilleure stimulation des fonctions digestives.

Compte tenu de ces indications, il faut manger selon sa faim, celle-ci devant progressivement devenir l'indicatif des besoins.

La vanité des standards alimentaires pourrait aussi ressortir devant la composition des menus. Dans certains aliments, la concentration des éléments nutritifs (nutriments) est une gêne pour leur utilisation intégrale, alors que parfois, avec un aliment à faible concentration, mais bien pourvu en éléments variés (sels minéraux, vitamines, ferments, etc.), les besoins seront plus aisément satisfaits.

Rien ni personne ne peut donc déterminer pour un autre quelles sont les quantités d'aliments à ingérer pour satisfaire aux besoins. Avec un peu d'expérience dans la pratique de l'alimentation végétarienne, et le retour à des fonctions normales, il devient assez aisé de ne pas commettre d'erreurs importantes.

On ne saurait omettre que la plupart des observations ayant préludé à l'établissement de standards alimentaires relèvent de manipulations de laboratoires, de calculs théoriques, avant le passage à la phase expérimentale sur des malades, le plus souvent hospitalisés. Comment ces sujets, habituellement si mal nourris, et dont les fonctions peuvent être déficientes, pourraient-ils réagir convenablement devant des aliments inhabituels, tout au moins dans leur préparation ? Il faut bien admettre qu'ils ne sont pas dans des conditions propices au rétablissement de fonctions (sécrétions, etc.) adaptées aux aliments plus naturels. Aussi, les métabolisent-ils imparfaitement ou franchement mal.

Le développement de la recherche épidémiologique semble avoir heureusement étendu le champ des observations, en apportant de plus sûrs éléments de discernement, du fait qu'il s'agit d'observations sur des êtres humains situés dans leur milieu habituel.

Le lait est assez souvent recommandé pour compléter les autres sources de protides, mais sans précisions d'utilisation. Or, à l'état liquide il est très mal digéré du fait de la dimension excessive de ses molécules. Sans l'élaboration préalable de lactase, ferment de la transformation du lait, celui-ci n'est ni digéré ni métabolisé. Hors du caillage préalable ou de l'introduction dans un plat cuisiné, il n'est plus qu'un élément de surcharge, puis de putréfaction.

L'orientation générale des techniciens de l'alimentation les incite trop à établir des valeurs à partir de faits isolés. On fait la remarque, par exemple, qu'un excès d'amidon — par rapport aux protides — diminue la digestibilité du repas. Par contre, l'utilisation des graisses requiert assez d'amidon (hydrates de carbone) pour constituer un apport presque continu de sucre, tout au moins tant que dure l'élaboration (lente) de ces graisses. Ces deux constatations constitueraient en apparence une contradiction.

Pour tirer un enseignement acceptable d'une série d'observations, il importe d'en connaître les conditions, de savoir quel est le contexte alimentaire, et surtout d'avoir des précisions sur la qualité, les conditions de production, la fraîcheur, éventuellement le mode d'extraction, de l'aliment expérimenté, de même que sur les traitements auxquels il a pu être soumis.

Que l'on fasse des expériences avec des animaux domestiqués ou avec des animaux sauvages réduits depuis peu à l'état sédentaire, tous de pauvres bêtes isolées de leurs milieux et de leurs semblables, et voici que tout est faussé. Ainsi, chez les animaux sédentaires, nourris de fourrage, on remarque beaucoup plus de graisse que dans les mêmes espèces vivant à l'état sauvage.

Pourtant, les seconds, se nourrissant non seulement d'herbe, mais de graines oléagineuses, absorbent ainsi bien plus de lipides que les premiers.

Capturé et nourri au zoo, l'animal sauvage devient gras.

Il faut donc tenir compte, à la fois de la qualité de l'alimentation (fraîcheur, variété), de la dépense physique, et aussi du facteur psychique.

Avec le même mode alimentaire, l'état de l'être vivant est tributaire de son habitat. Ainsi, lorsqu'il vit en plaine et se nourrit d'herbes et de broussailles, l'éléphant peut développer des lésions athéromateuses, lesquelles ne se retrouvent jamais chez la même espèce vivant dans les forêts.

L'équilibre organique, structurel, ne peut découler de la seule utilisation de certaines substances, mais d'un ensemble de circonstances, parmi lesquelles l'alimentation tient une place importante, sans toutefois préjuger de la valeur d'autres facteurs. Au sein même de l'alimentation, une synthèse peut être réalisée, malgré un équilibre apparemment perturbé. Les aliments sont les éléments d'un ensemble où il y a des interférences, des interactions, des harmonies ou des dysharmonies.

Que de phénomènes interviennent, faisant que certains éléments nutritifs sont plus ou moins bien digérés et métabolisés. Pourquoi les mêmes aliments peuvent-ils se révéler ou suffisants ou insuffisants selon qu'il ont été ensoleillés ou non, selon qu'il sont plus ou moins récemment récoltés, qu'ils ont été cultivés correctement ou non ?

La confusion se transpose avec les vitamines, dont celles d'origine artificielle sont confondues avec les naturelles, du seul fait d'une certaine identité chimique. Exactement comme un accumulateur sous charge peut être confondu avec un qui est déchargé.

Plus on prolonge la réflexion et plus on constate combien sont arbitraires tous les standards et autres données prétendant à régler un équilibre alimentaire qui ne peut avoir d'autres bases que les observations de chaque intéressé sur l'usage fait des aliments par son organisme.

Aucun calcul, aussi complexe soit-il, ne peut déterminer quels sont les besoins organiques, la composition exacte, à un moment déterminé, de chaque aliment, et quelle utilisation en sera faite.

Aucune comparaison, non plus, ne pourrait être établie entre un organisme disposant de fonctions correctes et un autre, déficient, ou soumis à maintes perturbations. Ainsi, le premier peut resynthétiser une partie des résidus de l'activité musculaire et l'utiliser à nouveau. L'exemple peut être choisi de l'acide pyruvique et de l'acide lactique de désassimilation (susceptibles d'être recyclés pour produire de l'énergie).

Toutefois, si ces déchets sont en excès, du fait d'une alimentation inconsidérée, l'organisme n'en peut rien tirer et va vers l'épuisement ou la saturation toxinique. La présence des enzymes, apportées par les crudités et autres aliments « vivants », est nécessaire, autant pour l'utilisation des éléments nutritifs que pour le recyclage des résidus de l'activité musculaire.

Que de conditions sont à remplir pour élaborer l'aliment, en dissocier les composants, transformer, acheminer, stocker ce qui résulte des diverses phases du métabolisme.

L'assimilation subit des fluctuations selon le choix global des aliments. Les protides, glucides, lipides, sels minéraux, oligo-éléments, etc., sont utilisés selon l'« accueil » de l'organisme et les conditions de leur « voisinage ». Noyés dans un repas par ailleurs trop chargé en protides et lipides, les composants d'un œuf ne seront pas utilisés comme ils le sont lorsque celui-ci constitue l'essentiel de ces apports. Avec des repas trop concentrés, la perte est énorme, et intense la fatigue organique (notamment celle du cœur), ce qui peut expliquer les si importantes carences relevées chez nombre de personnes de notre époque, alors que leur alimentation est le plus souvent excessive.

Prétendre remédier à cet état par des « compléments » n'est qu'une aberration de plus. Peut-être que dans certaines situations, ces compléments permettent-ils parfois de franchir un cap difficile et, dans cette perspective, ils ne sont pas négligeables, mais prétendre ainsi remédier vraiment aux situations carencielles n'est qu'illusion.

Personne d'autre que l'intéressé (ou ses proches, notamment en ce qui concerne les enfants) ne peut donc déterminer ce qui lui (leur) est le plus favorable, autant en choix qu'en quantité. Cela suppose sans doute assez de discernement ; mais n'en a-t-il pas fallu déjà pour changer d'orientation ?

TABLE DES MATIÈRES

OUVRAGES DE R. ET J. DEXTREIT

VIVRE SAIN

— **Le problème de l'alimentation naturelle** et de la **vie saine,** étudié à la lumière de la science et de l'expérience.
85e mille - 272 pages.

GUÉRIR ET RAJEUNIR

— Tous les facteurs curatifs naturels. Comment reconnaître les signes de la santé et de la maladie.
60e mille - 280 pages.

L'ARGILE QUI GUÉRIT

— Mémento de médecine familiale avec de nombreux exemples précis et cas de guérisons.
840e mille - 192 pages.

LA CURE VÉGÉTALE

Tome I : Tous les fruits et légumes pour se guérir.
130e mille - 152 pages.

Tome II : Toutes les plantes pour se guérir.
150e mille - 240 pages.

CES MALADIES QUI MONTENT

— Coxarthrose, Ostéopathies, Hernie discale et Lombalgies. Ennuis de jambes et de pieds.
30e mille - 84 pages.

LA TABLE ET LA SANTÉ

— Plusieurs centaines de recettes, avec les proportions très précises, permettant de **cuisiner sans mécomptes.**
85e mille - 632 pages, relié.

DES ENFANTS SAINS

— **Tome I : De la conception à la scolarité.**
65e mille - 224 pages.

— **Tome II : De la scolarité à la maturité.**
25e mille - 180 pages.

LES TROUBLES DIGESTIFS

— De la Gastrite à l'Ulcère du Duodénum, en passant par les Aigreurs, Brûlures, le Dérangement intestinal, l'Aérophagie, etc.
— Avec la Gymnastique des Ptôses.
130e mille - 104 pages.

TRAITEMENTS NATURELS D'URGENCE

100e mille - 72 pages.

LE CHOU POUR SE GUÉRIR

130e mille - 84 pages.

DE LA VÉSICULE A L'INTESTIN

— Boue et calculs biliaires. Colites et Diverticules.
Parasitoses.
Notes sur les œufs et la choucroute.
50e mille - 128 pages.

LES 4 MERVEILLES

— Vertus nutritives et curatives du **Citron,** de la **Carotte,** de l'**Ail,** du **Thym.**
220e mille - 48 pages.

LA CONSTIPATION VAINCUE

— Ses causes - Ses remèdes naturels.
170e mille - 72 pages.

MIEL ET POLLEN

— Valeur curative et nutritive
100e mille - 48 pages.

CHOLESTÉROL ET ARTÉRIOSCLÉROSE

— Le danger qui monte - Comment l'éviter ou y remédier.
— Causes et remèdes.
200e mille - 48 pages.

LES MALADIES DE LA FEMME

— Métrite, Salpingite, Fibrome, Stérilité, Troubles de la Ménopause, Règles difficiles, etc.
110e mille - 112 pages.

LA COLONNE VERTÉBRALE
DES PETITS ET DES GRANDS

— Arthrose, Hernie discale, Scoliose, Tassement, etc.
110e mille - 72 pages.

CE QUE PEUVENT LES MAINS

— Détecter, calmer, magnétiser.
60e mille - 88 pages.

MAIGRIR SANS CARENCES

— Dérèglements glandulaires et autres causes d'obésité.
130e mille - 112 pages.

LES CURES DE JUS DE FRUITS ET LÉGUMES

— Indications thérapeutiques de chaque variété.
230e mille - 64 pages.

URÉE - ALBUMINE - COLIBACILLE

— Différentes affections des reins et de la vessie. Très utile complément au présent ouvrage.
Cystite et Prostatite.
120e mille - 48 pages.

SANTÉ DES YEUX

— Les principaux troubles de la vue ; les maladies des yeux les plus fréquentes.
Traitement par les moyens naturels, y compris la gymnastique oculaire.
120e mille - 100 pages.

QUAND DANS LE SANG IL Y A TROP
DE LIPIDES, CHOLESTÉROL, ACIDE URIQUE

— Et des calculs dans les voies urinaires.
50e mille - 96 pages.

LES MALADIES A VIRUS

— Comment se défendre en cas d'hépatite, de grippe, d'herpès, de zona, etc.
Un très efficace et inoffensif antiviral : le Buis.
30e mille - 104 pages.

ESPOIR POUR LES ARTHRITIQUES ET RHUMATISANTS

— Les différentes formes de rhumatisme, avec leur traitement.
140e mille - 96 pages.

VOILA LE SOMMEIL

— Traitement naturel et efficace de l'insomnie.
100e mille - 88 pages.

LE FOIE, CE MÉCONNU

— Relations entre différents troubles, lésions ou autres anomalies et les perturbations des fonctions hépatiques.
Marche à suivre pour rétablir des fonctions normales.
205e mille - 158 pages.

DIABÈTE ET MALNUTRITION

— Tous les états prédiabétiques et prétuberculeux.
160e mille - 80 pages.

BIOJARDINAGE

— Culture du sol selon les méthodes biologiques, sans engrais ni autres produits chimiques.
Soins aux arbres. Le jardin potager.
45e mille - 200 pages.

CUISINE SIMPLE VÉGÉTARIENNE

— Pour ceux qui débutent.
35e mille - 112 pages.

POURQUOI, COMMENT MANGER LES CÉRÉALES

— Propriétés des diverses céréales.
150e mille - 96 pages.

SOINS DE LA PEAU

— Eczéma, Acné, Furonculose, etc.
110e mille - 96 pages.

LES VOIES RESPIRATOIRES

— Asthme, Bronchite, Sinusite, etc.
70e mille - 72 pages.

LES MALADIES DE CARENCES

— Déminéralisation, Anémie, etc.
50e mille - 80 pages.

DES VACCINATIONS... POURQUOI ?

— Un problème à revoir selon d'autres données.
25e mille - 88 pages.

INITIATION A L'ALIMENTATION VÉGÉTARIENNE MODERNE

— Les raisons d'une réforme alimentaire.
— Des conseils pratiques pour la mener à bien.
90e mille - 144 pages.

LA SPASMOPHILIE

— Et aussi Tétanie et Asthénie.
30e mille - 96 pages.

LES TROUBLES DE LA CIRCULATION VEINEUSE

— Varices, Ulcères, Dermites, Hémorroïdes, Fissures.
40e mille - 80 pages.

RIEN QUE DES SOUPES

— Plus de 140 recettes de bouillons, crèmes, veloutés, consommés, panades, bouillies, potages, potées...
30e mille - 120 pages.

POUR LA PRATIQUE SPORTIVE

— Préparation à l'effort physique, récupération et traitement naturel d'éventuels incidents. Alimentation avec exemples...
Que penser du bain de sudation ?
25e mille - 88 pages.